JN101212

教皇フランシスコに聞く

召命の力—今日の奉献生活

インタビュアー　フェルナンド・プラド
訳　古川　学

サンパウロ

La fuerza de la vacación
©Publicaciones Claretianas, 2018

「人生は後ろを振り返って見なければ分からないが、
前を見て生きなければならない」。
（セーレン・キェルケゴール）

わたしたちの共同体の兄弟たちへ
そして、情熱をもって共にこの仕事に取り組んだ
クラレチアン会出版の皆さんへ

日本語版出版に寄せて

ホルヘ・マリオ・ベルゴリオ司教は、一八二年ぶりに教皇に選ばれた修道者です。ですので、教皇フランシスコが奉献生活について話されるとき、ご自身の修道者としての体験が土台になっています。彼は、若い修道者の養成担当者でもあり、管区長として兄弟たちへの奉仕も果たされてきました。そして、司教になられて、また、別の観点から奉献生活を見ることができました。この本を読みますと、そのような背景が強く感じられます。

二〇一三年十一月に、ローマで教皇フランシスコと修道会の総長協議会のメンバーの集いが行われました。当時わたしはクラレチアン宣教会の総長だったので、参加いたしました。奉献生活のアイデンティティー、教会における位置づけ、現代社会で果たすべき使命などについて教皇様の深い言葉をいただきました。また、わたしたちは、自分たちの修道会の歩みの中で感じていたさまざまな課題やチャレンジを教皇様に打ち明けました。とても有意義で楽しいひとときでした。その中で教皇様が何度も繰り返されたのは、「世界を目覚めさせてください」という言葉でした。そして、そのために深い霊性を培い、しっかりした養成を行い、イエスのまなざしで社会を見る目を育てることの大切さを強調されたのです。periphery《ペリフェリー》（隅、疎外されている人々が追い込められる場）という言葉もよく使われました。そこへ出向いて行くように強く呼びかけられたのです。「貧しい人々、排除されている人々は、本当にあなたがたのことを友と思っているでしょうか？」という厳しい質問もぶつけられました。

教皇フランシスコとフェルナンド・プラド神父の対話を記録するこの本の中で、そのようなテーマがよく出てきます。教皇様の福音に根ざした深い考えと、具体的な指針が示されています。

古川学さんが、この本を日本の修道者だけではなく、全ての信者のために訳してくださったことに感謝いたします。読みやすい本で、心に響くメッセージを届けてくれます。福音に従って生きるための力になるでしょう。

二〇二〇年四月十四日

福岡教区司教（前大阪大司教区補佐司教）

ヨゼフ・マリア・アベイヤ

序

いつの頃からか、教皇フランシスコはインタビューを受けることを厭《いと》わなくなりました。話さないでいるよりも、話した方が人々に与える影響力が大きいと進言したのは、フランチェスカ・アンブロジェッティです。[1] 実際、ペトロの座に就いて以来、フランシスコは多くのインタビューの申し出を受け入れています。正確に言えば、外遊途上の飛行機内で、ジャーナリストらの質問に「素のまま」で答える時間がその大半を占めています。そのような取り繕わない返答が求められる状況において、フランシスコはあまりにも無防備に見えます。それを教皇の務めの一部と見なすのは、危険なことなのです。しかし、ジャーナリストらは皆、感謝しています。それがまた、彼らの努力への感謝を示す、教皇の誠実なやり方であることを知っているからです。

フランシスコは、メディアが彼の言葉を大きく広めることをよく知っているので、ジャーナリストの質問やインタビューに答えることを、「教皇の務めを世に伝えることの一部」と理解しています。[2]フランシスコにとってインタビューは、まさしく司牧的価値があるものなのです。そして彼は、言葉によって人々に良い影響を及ぼすためには、求められる用心深さ以上に、信頼して心を開くという危険を冒す必要があることを知っています。

教皇にとって、マスコミとの会見やインタビューは、イエスがエマオへ向かう弟子たちにしたように、人々との会話の中に入っていくための一つの手段です。教皇のインタビューや会話の中に、現代の人々と交わす教会の対話が見えてくるのです。

わたしと教皇フランシスコとの関係は、出版の世界からもたらされました。始まりは、教皇が「新たな教区」に就いた数カ月後、ブエノスアイレスのクラレチアン会出版が、以前出した彼の本の新版を紹介しに伺った時のことでした。その後も何度かお会いする機会があり、わたしたちの関係は次第に深まってゆきました。その中で、インタビューという考えが浮かんできたのです。わたしは、単なるインタビューではなく、教皇の奉献の心がよく分かるような対談を思い描いていました。彼の言葉は、わたしたちのような形でイエスに従う多くの者にとって、きっと役立つはずなのです。

奉献生活の年を迎えるに当たって、フランシスコは奉献生活者たちに次のような言葉で始まる書簡を送りました。

「兄弟姉妹の信仰を強める務めを主から託されたペトロの後継者として、皆さんに宛てて筆を執っています。けれどもわたしは、神に奉献された皆さんと同じですから、これを兄弟としてもしたためています」。[3]

わたしは、インタビューが、フランシスコの教皇職の、兄弟姉妹に話しかけるペトロの後継者としての側面を明らかにするのに役立つであろうことを直感しました。

『修道生活の刷新・適応に関する教令（*Perfectae Caritatis*）』が、怯《ひる》まぬ現代化のプロセスの始まりとなった第二バチカン公会議以来、「奉献生活は、教会の教えに従って、刷新の実りある歩みを進めてきました」。[4]

これは、ヨハネ・パウロ二世が帰天する数カ月前に行っていた、公会議後の歩みの総括です。各修道会は公会議以来、多様な世界情勢、グローバリゼーション、奉献生活の大きな課題である多（異）文化共生《インターカルチュラリティ》、カリスマが正しく文化内開花《インカルチュレーション》する必要性、新しい世代の人たちの養成、共同宣教《シェアード・ミッション》、そして組織再編のプロセス……など、新たな差し迫った状況に歩調を合わせながら進もうとしてきました。

奉献生活は、公会議で指摘されていたように、「変化した時代の状況に適応させる」[5]という点においては、必ずしもうまくいっていたわけではありません。兄弟姉妹らは、司教との意見の相違があった場合、交わりを大切にすることで柔軟に対応すべきでした。しかし、たいていはうまくいっていたのです。とはいえ、ベネディクト十六世が賢明にも警告していたように、[6]「集団葬儀」あるいは「滅びの預言者」と呼ばれる人たちがいないわけではありませんでした。

そのようなわけでわたしは、五月の中旬に思い切って教皇に面談を申し出ました。その意図は最初から明らかでした。インタビューは、もっぱら奉献生活に関する内容です。教皇には、可能ならば八月に行いたいと提案しました。すると教皇は、わたしにとってはうれしい驚きですが、その提案を受け入れ、二日もたたないうちに返事をくださり、日付と時間を指定されたのです。

フランシスコからは、あらかじめ質問の内容を送るようにとは言われませんでした。そのことからわたしは、彼が面と向かってお互いの顔を突き合わせながらオープンな対談を望んでいるものと合点しました。教皇との対談は、間違いなく活発な意見が飛び交うものになるはずです。フランシスコは、堅苦しいやり方を好まず、できるだけ自然に分かりやすく話そうとします。講義や説教ではないというわけです。彼が好む牧歌的でゆっくりとした気取らない口調は、わたしたちにとっても心地よいものなのです。

インタビューまでの数カ月、わたしたちは編集部で、教皇就任以来フランシスコが奉献生活者たちに向けたあらゆる説教、会話、文書などを可能な限り探しました。わたしは、彼がさまざまな機会にわたしたち奉献生活者に少しずつ語っていたことをほぼ把握してはいましたが、対談に備え、もう一度文書を読み直し勉強する必要がありました。

対談の準備中に何度も考えてまとめ上げたたくさんの質問を携えて、わたしは聖《サンタ・マルタ》マルタの家を訪れました。最終的に、このインタビューは和やかで打ち解けた雰囲気のものとなりました。教皇は、深い精神性をもちながら、飾らなさや親しみやすさを失うことなく、ありのままの姿を見せてくれました。そのような形での対談の中には、言うまでもなく、言葉で表現できるよりもはるかに多くのことが詰まっています。対談での教皇のまなざし、しぐさ、声音《こわね》を読者の皆さんに伝えるのは簡単ではありません。教皇の精神の伸びやかさ、人を大切にしようとする優しさ、そして、近くにいるだけで同じ心意気の友だと感じさせてしまう才などを正確に伝えるのは、容易なことではないのです。
フランシスコはわたしたちに、その複雑で多面的で信頼が置け、かつ偽りのない人柄をさらけ出します。この本でフランシスコは、兄弟、そして奉献生活の伴侶として現れますが、何といっても彼は思慮深い父であり、自分自身のカリスマから、未来に向かって恐れずに歩むようわたしたちを招いています。この本を読まれる皆さんが、その端々を通して、わたしが感じたことを見いだしていただければ幸いです。教皇の言葉は、兄弟姉妹に語り励ますペトロのそれに他ならないということを。

【注】

1　フランチェスカ・アンブロジェッティは、セルヒオ・ルビンと共に一年半にわたり当時のベルゴリオ枢機卿にインタビューをしている。その出会いと対談の成果は、*El jesuita*（イエズス会士）というタイトルの対談集となって出版された。（二〇一〇年、ベルハラ出版、ブエノスアイレス）

2　フランシスコ（アントニオ・スパダロ共著）*Adesso, fate le vostre domande. Conversazioni sulla Chiesa e sul mondo di domani*（『では、質問をどうぞ――明日の教会と世界について語る』）（二〇一七年、リッツォーリ社、ミラノ）六ページ。【訳注】A・スパダロはイタリア出身のイエズス会司祭で、二〇一一年から会誌『チビルタ・カトリカ』の編集長。

3　フランシスコ、使徒的書簡『奉献生活の年にあたって』。（二〇一四年十一月二十一日）

4　ヨハネ・パウロ二世「奉献生活の日のメッセージ」。（二〇〇五年二月二日）

5　*Perfectae Caritatis*『修道生活の刷新・適応に関する教令』2参照。

6　「現代の教会では奉献生活は終わったものだとか、意味がないと告げる滅びの預言者に加わってはなりません。そうではなく、聖パウロが勧めたように、目を覚まして警戒を怠らずに、イエス・キリストを身にまとい、光の武具を身に着けなさい（ローマの人々への手紙13章11～14節）」。（ベネディクト十六世、二〇一三年二月二日、主の奉献の祝日のミサ説教）

目次

第三章　希望をもって未来に向かう　131

召命の力

インタビュアー：フェルナンド・プラド
（クラレチアン宣教会司祭）

息の詰まるような暑さでした。おそらくこの永遠の都で最も暑い時期である聖母被昇天《フェラゴスト》の祝日が、すぐそこまで来ていました。午後三時だというのに、太陽が真上から照りつけていました。

教皇からは、聖マルタの家で四時と指定されていました。息を切らせ、汗だくの手で挨拶をするのは失礼なので、少し早めに到着したいと思っていました。加えて、教理省の横の門をくぐって聖マルタの家へ向かうには、所定の検査を受けなければならないと教皇から言われていました。教皇の居室を訪問するのは初めてのことではありませんでしたので、どのような手続きが必要かは知っていました。しかし、不慮の事態に備え、早めに到着するようにしました。何事もなければ、サン・ピエトロ広場でも眺めて待とうかと思っていました。

わたしは､慌てずゆっくりと歩いてバチカンに向かいました。灼熱の太陽の下､歩きながら考え事にふけり、わたしは少しナーバスになっていました。バンキ・ベッキ通りにあるゴンファローネの聖ルチア教会、クラレチアン宣教会から、テヴェレ川を挟んで反対側のサン・ピエトロ広場に行くには十五分もあれば十分でした。頭からつま先へ、あるいはその逆に、たくさんのアイデアが浮かんでは消えました。わたしは、このフランシスコへの新たなインタビューが、特別なものになるだろうと感じていましたが、それを独り占めしようとは思いませんでした。他の兄弟姉妹らに貢献できる奉仕でもあるということを意識して、教皇との対談を楽しみたいと思いました。

二カ月前にわたしは、「もっぱら」奉献生活に関する質問をするためにお会いできないものかと、教皇に思いきって提案していました。教皇は、ブエノスアイレス時代に、その言葉がしばしば悪い方向にねじ曲げられ少なからぬ問題を引き起こしたことから、インタビューをできるだけ避けていたと語っています。[1] あとは、教皇の返事を待つだけでした。対談の成果は、一冊の本となって出版され、教皇就任以来のフランシスコの、奉献生活に関する教えを集約したアンソロジーの端緒ともなり得るものでした。それがわたしの提案でした。そして驚きであり喜びですが、フランシスコはそれを受け入れてくださったのです。

八月九日がやってきました。オベリスクの横で、ベルニーニの荘厳な円柱に囲まれて、わたしは目の前の大聖堂を眺めました。キリスト教文化の最大のシンボルというべきものの美しさに感嘆しました。ここはカトリック教会の中心地で、岩であるペトロが今も健在です。現在のペトロはフランシスコで、あらゆる権威をもってこのローマから、いつくしみと愛によって普遍の教会を指揮されています。メディアが伝えるように、おそらく彼は、今日のグローバル社会における最も重要な人物の一人です。世界に及ぶ彼の霊的指導力については、万人の認めるところです。わたしは、教皇のこと、彼が身をもって示されること、そして教会と世界の中で起こっていることを考えました。二千年を優に超える歴史をもった教会のような組織を率いるという責任は、とてつもなく大きなものであるはずです。誰にでも耐えられる責務ではないのです。もう少しで、インタビューを始めるために教皇の前に座ります。できればそれが、打ち解けた二人の対話になってほしいと願っていました。

友人で百戦錬磨のジャーナリスト、ペドロ・ブラスコは、わたしにこのような機会が与えられたことをとても喜んでくれました。何日か前、わたしがローマにやってきた理由を話すと、彼は、ヨハネ・パウロ二世とフィデル・カストロが前世紀の偉大な人物だとすれば、現代では教皇フランシスコが、二十一世紀の前半を代表する人物だろうと語っていました。その言葉が一日中頭から離れず、まったく落ち着くことができませんでした。

教皇フランシスコにインタビューすることは、わたしにとってある種「ジャーナリズムの博士号」を取得するようなものです。二十五年以上前、まだ宣教会に入る前に大学で勉強に勤《いそ》しんだこの仕事の集大成でした。時がたつのは早いものです！　前の晩、わたしはなかなか寝つけませんでした。ローマ特有の暑さや、夜中の二時くらいまで部屋の窓の外から聞こえてくる騒がしい音楽のせいだけではありません。教皇がわたしの手紙に同意の返事をくださってから、彼がわたしに寄せる高い信頼度の重圧が、わたしを落ち着かなくさせたのです。宣教会の兄弟らと話をしたり、書庫へ行ったりして、いつもより穏やかな朝を過ごしましたが、それでもまだわたしは落ち着けませんでした。約束の時間が近づいてきました。サン・ピエトロ広場のベンチから立ち上がり、深呼吸をして、聖マルタの家へ向かいました。

＊
＊
＊

二〇一三年に教皇フランシスコに初めて謁見した時から、バチカン入国の手続きが少しずつ変わってきています。セキュリティーチェックがより厳しくなり、いくつもの検査を受けなければならなくなりました。ミケランジェロがデザインした歴史ある制服を着たスイス衛兵が挨拶をすると、わたしが持っていた小さなリュックを金属探知機に通すよう言いました。わたしは、カメラにメモ帳、そしてインタビューで使う小さなボイスレコーダー以外は持って来ていませんでした。

検査場を通り過ぎ、聖マルタの家に向かいました。入り口を通り抜ける時、教皇の家に向かっているという穏やかな感覚に満たされました。それは、他でもない自分の父親の家に向かうような感覚でした。「教皇《パパ》」という言葉は、もともと父親を意味したものでした。これから彼と共にいて、今一番の関心事、わたしたち二人が深く関わっている生き方について心おきなく語り合うのです。教皇もまたそのつもりだと思います。インタビューは、あらかじめ提案してあったテーマを中心に、心地よい会話になりそうでした。わたしは、以前にも同じような状況で教皇と会ったことがありました。わたしたちは、お互いすでによく知った間柄です。教皇のチリ訪問の直前、スパダロ神父も交え長いこと話をさせていただいたのです。その機会にわたしたちは、出版界の問題、最近の教会の問題、そしてわたしの国、スペインに関わる政治問題について徹底的に話し合いました。その盛りだくさんなやりとりから、わたしは実に多くのことを学びました。

フランシスコの中にわたしは、父親、兄、そして友人の姿を見いだしていました。あの時わたしはフランシスコに、教皇のような方とどう接したらよいか分からないと言ったことを覚えています。どのように話しかけたらよいのかも知りませんでした。しかしわたしは、肩ひじ張らなくてもよいことを何となく感じていました。部屋に入った時、教皇自身が上着を脱ぐのを手伝われ、話をするのに、すぐ隣のソファーに座るよう言ってくださったからです。

今回もあの時と同じような感じがしました。そして、今になって突然、気持ちが楽になり、落ち着きを取り戻したのです。それにしても、この暑さです。四時十五分前になっていました。一階の涼しい部屋で少しばかり待っていると、警護担当で私服のスイス衛兵が、教皇が三階でわたしをお待ちだと伝えてくれました。エレベーターの扉が開くと、そこにフランシスコが立っておられました。わたしたちは再会を喜び合いました。何より、これほど暑い日の午後四時という、教皇にとってもすべき重要な仕事がたくさんあるだろう中で訪問させていただけたことに感謝を述べました。共通の知り合いからの挨拶を伝えると、教皇はわたしを自室に招き入れました。部屋の入り口には、やはりあのポスターが貼ってありました。

「Vietato lamentarsi（嘆き禁止）」それは一年ほど前、イタリア人心理学者、サルヴォ・ノエの本によって有名になった言葉でした。[2]

教皇が扉を閉めると、わたしたちはリビングになっている小さな一室に腰を下ろしました。部屋はシンプルで、何枚かの絵が壁に掛かり、床には低いテーブルとソファーのセット、そして装飾品が品よく置かれていました。水のボトルが入った小さな冷蔵庫もありました。教皇は手招きして好きなものを飲むよう言われましたが、わたしはそれほど喉が渇いてはいませんでした。ボイスレコーダーとメモ帳を取り出しながら、たくさんの質問を用意してきたこと、そして困るような質問があった場合は、答えたい質問にだけ自由に答えていただいてかまわないことを伝えました。また、質問で気分を害されたときは、すぐに次の質問に移るので、遠慮なく教えてくださるようお願いしました。

するとフランシスコは言いました。

「よろしい。では始めましょうか」。

［ボイスレコーダーを準備しながら、最初の質問では「アイスブレイク」を兼ねて、フランシスコに、これまで出会った奉献生活者の思い出を振り返っていただくことにしました。そこから始めようと思いました。録音ボタンを押し、スマートフォンの「ボイスメモ」機能をオンにしました。「どうかこれらのおもちゃをお気になさらずに。インタビューが終わるまでここに置いたままにします」。そして最初の質問を始めました］。

考えさせられる奉献生活

これまでご自分で体験されてきて、今目の前にある奉献生活を思い起こすとき、どのような考えや感情が浮かんできますか？

［フランシスコはわたしを見つめながら考えると、特に奉仕する奉献生活者に敬意の念を抱いていると言われました］。

教皇　わたしがここで言うのは、都市の中心ではあっても、貧困地域《ペリフェリー》（周縁）で奉仕している司祭・修道士・修道女のことです。そのような奉献生活者たちは、虚栄心がなく、世間から評価されることを望まず、まったく偉ぶることなく働いています。彼らは、生活の上でも祈りの上でも、奉献生活の神学を生きています。つつましさの見本のような人たちです。彼らは、自身の奉献生活を真剣に考え、労働者として、教育、教区、医療、宣教など、どのような場ででも他者のために奉仕しています。彼らはまさに、自分自身を顧みない自己犠牲の人たちなのです。惜しげもなく全てを与えているのです。

何か特別な思い出はおありですか？

教皇　数えきれないほどあります。

［そうして教皇は、いつくしみの聖年の最初の外遊の折、中央アフリカで出会った、ある修道女の話を始められました］。

教皇　二日間の滞在中に、三歳くらいの女の子を連れたシスターがわたしのところにやって来ました。わたしと会えてうれしそうでした。彼女は八十四歳でしたが、若々しくかくしゃくとしていました。バイタリティーとエネルギーにあふれた女性であると感じました。彼女は、中央アフリカからではなく、コンゴから来たのだと教えてくれました。週に一度、カヌーに乗ってやって来て、たくさんの物を買い込むのだそうです。コンゴより安いからということでした。考えてもごらんなさい！　八十四歳のシスターが、カヌーで川を渡って来るんです。信じられません！　彼女は、向こう、コンゴでは、病院で助産師として働いていると話してくれました。そこで働くようになってから、三千を超える出産に立ち会ったと言っていたように思います。彼女は、もう六十年以上もその仕事をしていました。連れてきた女の子には母親がいませんでした。大変な難産で、出産後に亡くなってしまったそうです。「とてもよい母親でした。わたしは、神がこの子を養子にするよう望んでいると感じました」。彼女はそうわたしに言ったのです。わたしは感動しました。八十四歳のシスターとわずか三、四歳の女の子です……。「養子にした時から、この子はわたしを『お母さん《ママ》』と呼んでくれます」。カヌーに乗って買い物に出かけ、養子の女の子と生活をする。驚くような若々しさで、修道女としての人生、奉献生活を生きている。そのような年老いたシスターの中にひそむひたむきな愛を見て、わたしは、その向こうにある召命の力を感じないではいられませんでした。

心打たれる、実にすばらしい証しですね。

教皇　そのような話なら他にもたくさんあるんです！　同じようなシスターをたくさん知っています。百パーセント自己を神にささげ、奉献生活者としての召命をしっかりと生きているシスターたちです。同じように模範的な奉献生活を送る男性修道士や司祭も知っています。そのような人たちがわたしに、本当の奉献生活がどのようなものであるかを教えてくれるのです。それは、人間の考え方だけでは絶対に理解できないことです。司牧がうまくいっているかというような視点からならば、人間の考え方でも理解できるかもしれません。それは良い視点であり、間違いではありません。しかし、それでもやはり人間の考え方だけで説明するのは不可能なのです。奉献生活は、このような基本理念に応えるものだと思います。それはつまり、愛するイエスの呼びかけを完全に生きるということです。

［教皇はしばし話を中断し、記憶をたどるかのように考えた後、続けられました……］。

教皇　フンメス枢機卿[3]のお話です。アマゾン地域を訪問した時は、いつも墓地を訪ねるのだそうです。その地に赴いた多くの修道士や修道女がそこで人生を終え、埋葬されているのを知り、驚きと畏怖の念を禁じ得なかったそうです。とりわけ、墓石に刻まれた宣教師たちの記録を見て、彼らが亡くなった年齢を知り、言葉を失ってしまったと言っていました。彼らの多くが若くして亡くなっていました。中にはかなり若い人もいて、その人たちはおそらくペストかマラリアか、あるいは他の病気で亡くなったのでしょう。「彼らは、全員が聖人になるべき人たちです」と彼は言っていました。根も葉もない異端的なことを言っていると思うかもしれませんが、わたしは、奉献生活と聖性を結ぶものが、そのような人たちの中に明らかに現れていると感じるのです。彼ら奉献生活者は、偉ぶることのない日常の聖人であり、わたしが使徒的勧告『喜びに喜べ（*Gaudete et Exsultate*）』の中で用いた表現をもってくれれば、

「身近な」[4]聖人なのです。実に考えさせられる奉献生活です。

［そこでわたしはフランシスコに、ヨハネ・パウロ二世が使徒的書簡『新千年期の初めに（*Novo Millennio Ineunte*）』で残した考えについて話し合うことを提案しました。[5]そこでは、「感謝をもって過去を見る」「熱意をもって現在を生きる」「希望をもって未来に向かう」ことの重要性が述べられています］。

これらの行動指針は、一般的なものとしてわたしたちの対談にも役立つはずです。どう思われますか？

教皇　いいと思います。続けましょう。

【注】

1　フランシスコ（アントニオ・スパダロ共著）『では、質問をどうぞ――明日の教会と世界について語る』（二〇一七年六月、リッツォーリ社、ミラノ）序文。

2　【訳注】*Vietato lamentarsi* は二〇一七年にイタリアのサンパウロから出版された Salvo Noè による本のタイトル。同年、彼がフランシスコに謁見した際、同書とキャンペーン用ポスターを贈り、それを教皇が自室の扉に張ったことが報道されていた。

3　クラウディオ・フンメス枢機卿はサンパウロ教区（ブラジル）名誉大司教で、教皇フランシスコから REPAM（Red Eclesial Pan-Amazónica 汎アマゾン地方ネットワーク）の責任者に任命されている。

4　フランシスコ、使徒的勧告『喜びに喜べ（*Gaudete et Exsultate*）』（二〇一八年三月十九日）参照。

5　ヨハネ・パウロ二世、使徒的書簡『新千年期の初めに（*Novo Millennio Ineunte*）』（二〇〇一年一月六日）参照。

第一章　感謝をもって過去を見る

「過去を見るといって、もちろんのこと、奉献生活や信仰生活の始まりに戻ることはできません。わたしはフランシスコに言いました。「よろしければ、公会議後に目を向けませんか」。わたしは、奉献生活にとって重要な時期は公会議後と考えていました。第二バチカン公会議の『修道生活の刷新・適応に関する教令』は、奉献生活者に徹底的な刷新の開始を促しました。それは、今の時代まで続いています」。

公会議後の刷新の歩み

この五、六十年で奉献生活は、教会の指導のもと、公会議に倣い刷新の歩みを進めてきま

した。教皇様は、修道会の管区長として、後には長いこと教区の司教として、身をもって公会議後の刷新を体験されたお一人です。公会議後の奉献生活の刷新を、どのように評価されますか？

教皇　それを語るには、三つの言葉があると思います。「遅さ」「実りの多さ」、そして「計画性の足りなさ」です。公会議は、確かに、何らかの方法で門を開けました。あの頃わたしたちは、時のしるしに歩調を合わせることができず、ずっと後ろを歩んでいました。世界との大きな対話が必要で、多くのことについて門が開けられなければならなかったのです。門が開かれ、対話が始まると、各修道会ではさまざまなことが起こりました。多くの修道会が徹底して問題に取り組み、程度の差はあっても、刷新というテーマを進めていこうとしました。もちろん当たり前のことですが、手を緩めてしまった修道会もあれば、ただ不安から、前に踏み出せずに取り残された修道会もありました。全ての修道会が足並みをそろえていたわけではありません。必要な変更が行われるとなると、大げさな反応がたくさんありました。中には、おそらく事をあまりよく考えずに始めてしまったため、英語《アングロサクソン》の言うところの

「風呂の湯といっしょに赤ん坊を捨てる」[1]ことになってしまった修道会もあります。そのように、失速してしまった例もあるのです。また、少なからぬ抵抗も生じました。
しかし、それらも少しずつ改められていったと思います。公会議後の再編と刷新の歩みは、当然ある種の緊張感を生み出さざるをえませんでした。起こった混乱は全て人事です。隠されていた多くのことが現れたのです。手を緩めてしまったり、立ち止まったりすれば、今度のような刷新が、大なり小なり問題を引き起こすのは、当たり前のことでした。

そのような変更のプロセスについては、たぶん、まだ白黒はっきりついていないかもしれませんが、何をいちばん心配されるでしょうか？

教皇　わたしが最も心配しているのは、今も昔も、変更のプロセスがイデオロギーに操られるときのことです。声を大にして言っておきたいのはそのことです。今だけではありません。これからも常にその本性が暴かれなければならないのです。奉献生活の中にずっといて、これからもいるだろう最も危険な敵は、どのような形であれ、イデオロギーです。奉献生活はイデオロギーに成り下がってはいけません。グノーシス主義、つまり度を越して理論的で、おそらく、人間味の乏しい奉献生活のグノーシス的なビジョンの中に陥ってはいけないのです。奉献生活は、イエスの時代のユダヤ教エッセネ派、クムラン教団が目指した刷新と、似たものであってはなりません。奉献生活は、こう言わせてください。エッセネ派的と絶対に思われてはいけないのです。しかし、面白いことに、奉献生活の始祖である砂漠の教父たちは、人間味にあふれた人たちでした。ちょっと変人だったのかもしれませんが、非常に人間性豊かな人たちだったようです。

繰り返しますが、わたしが懸念するのは、イデオロギーが操るときのことです。どんなタイプのイデオロギーでも、いつも悪い結果しかもたらさないのです。使徒的勧告『喜びに喜べ』の中でわたしは、新グノーシス主義について述べました。そしてペラギウス主義についても触れています。新ペラギウス主義、と言った方がいいでしょう。両者ともにイデオロギーの傾向が見られます。それぞれの背後で、イデオロギーが操っているのです。それは、現代においても、規律に従うことの中に完全さを置くような、極端なペラギウス的スタイルをもって生まれた新しい修道会に見られることです。神聖な規則を守るために訳の分からないことをやらされ、他のことは全て罪だと言われ、サッカーさえさせてもらえない子どもがいたらかわいそうです！　若い修道士・修道女は、厳しい規則を守るだけでなく、あらゆる面で成長しなければなりません。もちろんのこと、召命の支えとなる健全な規律に従うのは必要なことですが、うわべだけを守ることへの厳格さは、キリストの教えではありません。それこそ完全なペラギウス主義であり、異端なのです。本当の愛は、決して厳格なものではありません。しかし、新しい修道会では、そのようなことが起こりやすかったのです。その点には注意が必要です。そのようなものは、いつか爆発し、よくない結果をもたらすだけです。

公会議後には、他にも問題がありました。明るい部分も暗い部分もあったのです。いずれにせよ、何と言いますか、常にイデオロギーが妨害するのを防ぐ必要があると思います。奉献生活を理解したければ、常に奉献生活の視点に立って考えなければなりません。外からもってきたものの視点ではないのです。

［インタビューを続ける前に、わたしはフランシスコに、次なる件ではいささかトゲのある

質問を避けられないため、自由にお答えいただきたいと告げました」。

公会議の後（その前からも）、奉献生活の「危機」がささやかれています。刷新によって生じた問題と緊張ばかりが取り沙汰され、奉献生活は危機を引き起こした、つまり「計画性を喪失」し、「教会の反体制」勢力になり……結局は「刷新の失敗」だったと非難さえされました。確かに、緊張感には事欠きませんでした。しかもかなり高いレベルで。それらについては、どのようにお考えでしょうか？

教皇　そうですね、「（刷新の）手を緩めてしまった」何かがあったとすれば、それは常にそこに強力なイデオロギーがあったからだと思います。そして、バランスが欠けていました。しかし、奉献生活におけるバランスとは、言うならば「サーカスの曲芸師」のようなバランスのことではありません。それは、福音的な考え方を求め、時のしるしと対話しながら歩むとき、つまり現在の状況の中で、奉献生活をどう生きるべきかを模索するときに身に付くバランスのことなのです。

「その時わたしはフランシスコに、女子修道会に関して、アメリカで強い緊張があったことについて話しました」。[2]

教皇　あの場合、複雑な状況が生じていました。しかし、今ではずいぶんと落ち着きました。そこでは、たとえば、あらゆるものをその観点から見てしまうイデオロギーに近いフェミニズムの中に見られる、ある種の行き過ぎがあったことを理解すべきです。しかし、全てがそうだとは言えません。一般的なことにしてしまうのは、必ずしも正しいことではないでしょう。あのことが、少なからぬ修道会に奉献生活の不安定さと崩壊をもたらしましたが、そのような行き過ぎを多少なりとも体験した修道会であっても、今では元に戻り、安定を、むしろ「安定した緊張感」を見いだしつつあります。（当然、緊張感のない奉献生活は考えられません）。本来の姿に戻っているのです。そのプロセスは、実にゆったりとしたものです。わたしたちがどこにいるのか、どのようなメンタリティーから来たのか振り返って見れば、五十年という年月は、一つの刷新のプロセスとしてはそれほど長いものではないのです。

修道女たちが、たとえば、ほとんど人間性を欠いた「聖なる服従」によって生活している修道会があったということを覚えておいてください。神に身をささげた修道女には、高齢の方が非常に多いのですが、彼女らは、何をするにも長上に伺いを立てねばならないという、少し大人になりきれない生活をしています。作り話ではありません。わたしはこの問題をよく知っています。いい年をした修道女が、一日中働いて、どんなささいなことでも……時には書面によって許可をもらっていることを想像できますか？　そのような中で、人間性が失われていることをどう思いますか？　先ほど言ったように、これは作り話ではないのです。とても親しいシスターが教えてくれました。彼女は、そのような生活をもう何十年もしていました。彼女らが、実際には苦しんでいることを知ってほしくて話してくれたのです。彼女はこう言いました。「ホルへ、聞いてください。恥ずかしいことに、わたしたちは許可証をもらって外出しなければならないのです」。そして全てを話してくれました。……なんということでしょう！　しかしいちばん驚いたのは、そのようなことが、多かれ少なかれ一九八〇年代まで行われていたという事実です。当時はそれが当たり前でした。そのような押さえつけられた人生を送るならば、いつか堤防が決壊して「大洪水」が起きたとしても不思議ではありません。そのような現実をわたしたちは生きてきたのです。先ほど話したように、刷新はゆっくりと、時には計画性を失いながらも進行してきました。しかし、最終的には、それら多くのことを乗り越えたことで、奉献生活は実り豊かなものとなったのです。

活性化し、評価される奉献生活

フランシスコ時代になってこのかた、奉献生活は活性化し、教皇様から重視されていると見られています。教皇様の司牧が始まってからの行動やご発言を通して、そのように解釈する人は少なくありません。たとえば、奉献生活の年を宣言されたことをはじめ、飛行機の中で発せられたアメリカの修道女たちへの思いやりあふれる感謝のメッセージ、数多い奉献生活者の謁見や会談。また、重要な任命（トビン枢機卿、ボコス枢機卿など……）もありました。ペトロの座に就かれたとき、奉献生活はどのような状況だったのでしょうか？

教皇　少し張りつめた雰囲気があったことは否定できないでしょう。なぜならば、それまでの数年間、公会議が求めていた奉献生活に必要な刷新が実現しつつあったのに、教会のいくつかの部署で、そのやり方に対するある種の反発があったからです。一部の高位聖職者《ヒエラルキー》からも、非常に激しい反発がありました。奉献生活に必要なのは辛抱強く寄り添うことではなく、統制することだと彼らは信じていたのです。きわめて保守的なスタイルの新しい修道会が、奉献生活を非常によく表しているとさえ言われました。このようなことを語るのは本当に残念なのですが、おかしなことに、それらの修道会のいくつかについては――中でも特に有名になった修道会について――数々の問題とモラルの低下によって深刻な状況が見られたため、介入が必要でした。[3]

統制するのではなく、奉献生活にもっと寄り添わなければならないと信じていた一人が、トビン枢機卿です。ペトロの座に就いた時、わたしは、トビン枢機卿が前任者ガルディン大司教に倣ってしていたことを、何としても強化したいと思いました。「奉献生活者は、みんな頭がおかしい」と思っている人たちの前では、ムチは役に立ちません。福音を用いるのが、教会を統制する唯一の方法なのです。そのようにわたしはいつも考えていました。少し時を経た今、わたしたちは、そのような中で、以前より穏やかな時を過ごしているように思います。奉献生活の中では、教会内のどこでも起こるように、問題や対立が常にあるのです。その中でわたしたちは、前進し改善していかなければなりません。対立は現実の一部です。対立を否定する理由はありません。わたしたちはそれを乗り越えるために歩むのです。重要なのは、歩むこと、常に前に向かって歩むことです。結論を言えば、わたしがペトロの座に就いたとき、奉献生活は十分に立ち直っていたのです。

よりよい関係

緊迫と無理解が少なからず生じた背景には、間違いなく『教会における司教と修道者の相互関係についての指針（*Mutuae Relationes*）』[4]（一九七八年）の問題があります。今日、わたしたちはそのような相互関係を、どう考えるべきだと思われますか？

教皇　相互関係の問題は、公会議後のさまざまな時期にありました。教会がまだ払いきっていない大きな借金だと思います。一九九四年、ピロニオ枢機卿をトップに、わたしたちは『教会における司教と修道者の関係についての指針』の見直しを求めました。しかし、何年たっても何も起こりませんでした。たぶん、現在は問題もだいぶ収まり、多くの司教らが奉献生活についてもっていた、ある種の機能主義的な概念も克服されたのでしょう。現在では、相互関係は、相互奉仕や相互識別として、より広い教会の枠組みの中で理解されなければなりません。修道士・修道女と司教団という単純な関係ではなくなったのです。現代においてはそのような相互関係は、神の民全体の中にあると考えられていて、それゆえ、全信徒に関わっているのです。

聖霊は、多元性を求め作り出し、同様に調和を求め作り出します。聖霊は、一致の源泉であり、カリスマ的多様性の起源なのです。わたしたちはみんな、教会の中でよりよい関係を築くことを学ばねばなりません。そのために、霊的交わり《コムニオン》の生き証人である必要があります。そして、調和を破壊するのが悪魔です。

教皇様は、一九九四年の奉献生活シノドスの期間中に、ある見解を公表されています。その中で、やはりその機能性の誘惑について語られていました。そのご意見について、少し詳しくお話しいただけますか？

教皇　使徒的生活・奉仕生活には、機能性という誘惑があります。それは奉献生活における最も強大な誘惑の一つです。奉献生活者に対し、教会や他者へ仕える人にではなく、使徒職を行う事業者になるという堕落をもたらすのです。それは、修道会のカリスマ、召命がどこにあるのかを考慮することなく、自分の教区で必要な「労働者」をまかなってくれる修道会を探そうとする司教らにも言えることです。奉献生活の存在理由は、行動の向こう側にあります。行動に映し出されますが、実際に最も大切なのは、何をするかではなく、何のために人生をささげて奉献生活を送っているかということなのです。奉献生活は、福音的な視点から見なければ分からないものなのです。

奉献生活の新しいすがた

メデジンでの司教会議[6]の後、奉献生活はラテン・アメリカに目を向けられるようになりました。何年か後、同じことがアフリカにもあり、アジアにも東ヨーロッパにもありました。そのような広がりは、わたしたちに推進力と世界的視野を与えました。その点に関してご意見をお聞かせください。

教皇　そこには明らかに、「脱ヨーロッパ化」という現象があります。修道会が宣教に出て、その地にとどまるのは、豊かな共同体を生み出すため……いいえ、生み出しているのです。そしてそこから、独自の召命が生まれているのです。教会は、いい意味で、徐々に「脱ヨーロッパ化」しています。「脱ヨーロッパ化」は、強い地方教会、つまり強固で具体的なアイデンティティーをもった教会に大きな実りを与えました。いい例が、独自の具体的な神学をもつインドです。アジアでは、神学的な考え方が強くなってきています。フィリピンは、それがどう発展していくかの明確な例でもあります。アフリカでは、そのようなプロセスはいくぶん緩やかですが、たとえば、際立った典礼の豊かさがあります。要は、わたしたちは、奉献生活が（その地方の歴史と文化の中に）受肉《インカルネート》するということについて話しているわけですね。それは、奉献生活がもつ最もすばらしいことの一つだと思います。受肉する能力と言いましょうか。宣教に出て、奉献生活を見事に受肉させて生涯を終えた宣教師や宣教女がたくさんいることを覚えておきましょう。たとえば、モロカイ島のダミアン神父が思い出されます。際立った受肉の一例です。そう思いませんか？　あるいは、フンメス枢機卿が話されていたように、現地で亡くなり、その地に埋葬された奉献生活者が頭に浮かんできます。

そのような奉献生活の広がり方に、異論はないのでしょうか？

教皇　問題があったことは確かです。良いことばかりがあったわけではないのです。全てには、誘惑がありました。たとえば、召命の「油井」に向かうという誘惑です。

一九九四年に起きたスキャンダルを覚えています。ちょうど奉献生活シノドスの時のことでした。フィリピン司教協議会がある文書を公表しました。そこでは、女子修道会に対し召命の国外もち出しが禁止され、初期養成（修練期と見習い期間）は、国内で行うことが義務づけられていました。

また、その頃、シノドス会場で広まったある日刊紙の記事タイトルに、わたしたちの多くは目を奪われました。おおよそ、こんな悲観的なタイトルだったと記憶しています。「La tratta delle novizie（修練女の人身売買）……」。たしかに、熱意なく国外に召命の漁に出るということは……よくないことなのです。もし行ったならば、そこにとどまり、大漁を目指すべきなのです。そのような熱意がないなら、行かない方がいいのです。

明確な熱意がないままにあちこちに召命の漁に出ていた修道会の、非常に痛ましい事例をわたしたちは見てきました。たとえばそれは、アフリカやインドだけでなく、中央ヨーロッパでも同じことでした。やって来た信心深いけれど召命をもたない若い女性らが、勉強を開始するものの長続きせず、逃げ出し、放置され、路頭に迷うことさえあったのです。それは、本当に痛ましいことです。

観想生活に関連した事例も知っています。その中で、たとえば、「後援者」の支援を受け、彼らの国々から召命をもち込んでいた修道院もありました。彼女らは、嫌々ながらではなく、人生を向上させようと思って来ていました。しかし、たしかに信心深いかもしれませんが、召命をもたないのです。やって来て、勉強して、勉強を終えると「さようなら」なのです。……そのようなことが、今では行われていないことを信じていますが、わたしたちは、おかげでそれらについて正しい意識をもつことができたと思います。ともあれ、そのような事例については、枚挙にいとまがありません。

奉献生活のすがたの変化についてご意見をお願いします。

教皇　お話ししたような異常さは別として、奉献生活の国際化のプロセスこそが鍵だと思います。今に始まったことではありませんが、教会の新しいすがたが、ますます目に見えるようになってきています。修道会の中に出身がさまざまな国の男女総長を見るのは今では珍しいことではありません。そう、たとえばクラレチアン宣教会の現総長、バタマタム神父はインド生まれで、実にすばらしい指導者です。天与の善良さをもった人物です。彼とは、ある件について話し合ったことがあります。わたしは、彼が愛と優しさをもってその件に対処していることを知り、非常に感銘を受けました。クラレチアン会の皆さんはラッキーですね。宝くじにでも当たったようなものです。宣教会の男女総長が、もはやヨーロッパ出身者に限定されないという現実が、さらに進んでいくことに間違いはないでしょう。それは、わたしたちにとって喜ばしいことです。教会は、これまでの歴史と福音伝道の驚くべき成果であるそのすがたの変化を、ますます目に見えるものにしているのです。

ヨーロッパ出身ではない奉献生活者は、まだまだ足りないところがたくさんあるとの声もありますが……。

教皇　教会にいるわたしたちは、みんな足りないところだらけです。ヨーロッパ出身の奉献生活者にしても、おそらく同じことなのです。奉献生活の中では、待ったなしで多（異）文化共生、国際化へ向けての重要な歩みが進み始めています。宣教を中心としてやってきたヨーロッパの教会は、今や逆にヨーロッパ以外の地域から有り余るほどの恩恵を受けています。教会も召命も、それらの地域で強められているのです。時とともに、全ては常に成熟していきます。しかし、先ほど言ったように、神のおかげで、今では強く明確なアイデンティティーをもった地方教会という、より強固な場があるのです。

歩みの中で学んだこと

公会議後の刷新の歩みの中で、わたしたちは奉献生活者として何を学んだのでしょうか？

教皇　間違いなく、多くのことを学びました。具体的なこととして、とりわけ、奉献生活の歩みが、教会の中に入りこむ歩みだということを学んだと言っておきましょう。奉献生活者に限らず、わたしたちはみんな、教会の外にいる、あるいは教会と交わらないでいるならば、物事はうまくいかないということを強く意識するようになりました。つまりそれは、教会の考え方、教会の精神生活によって教会に入りこむということです。そこで司教は頭となり、父として兄弟として友として愛されるのです。それ以上でも以下でもありません。
一方、わたしたちも、司教団側の者として、歩みの中でいくつかのことを行ってきました。（していない者がいれば、急いでしなければなりません）。そして、教会へ入りこみ、受け入れられ、敬われなければならないということの重要性を学んだのです。さらに、わたしたち司教は、修道会それぞれのカリスマを最大限に尊重するということを学んできました。彼らは、独自性とアイデンティティーによって、その地の教会を確実に豊かにしてくれるのです。根本的にわたしたちが学んだのはそのことです。つまり、教会の中に入りこむことの大切さです。

ローマ教皇として、この刷新の中でまだ果たさなければならない課題は何だと思われますか？

教皇　最初に提案のあった、三つの時の観点をもう一度ということになりそうですが、別な視点からということですね。ここまで過去・現在・未来の問題について述べてきました。しかし、それらは修道会の基礎を成すカリスマの観点から見たものです。修道会の基礎を成すカリスマは、まだある種の浄化を求めています。浄化とは、修道会の基礎を成すカリスマが、今どのように生かされているのか、あるいはどのように生かされるべきかを見るために、その本当の部分を取り戻すということです。過去を見るのは、感謝をもってだけではないのです。もちろん、感謝は必要です。神がわたしたちの会の創立者たちに与えてくれた恵みに、感謝しないでいられるはずはありません！　わたしたちは、感謝をもって過去を見なければなりません。しかし、それは博物館の展示品を見る目ではなく、霊性の根源を見いだそうとする人の目で見るということなのです。それは、現在にとっても未来にとっても大切なことです。時としてわたしたちは、創立者たちをほとんどイエスと同一視して語ってしまうものです。たしかに、創立者はわたしたちにとって大切な人たちです。しかし彼ら彼女らは、イエス・キリストではないのです。わたしたちは、彼らの中に、後に続く偉大な歩みを開いてくれた人物を見るのです。

しかし、お願いですから、彼らを美術館に収められる作品にしないでください。彼らがわたしたちのルーツであるのは、やみくもに従うからではなく、そこに返ることで実を結ぶからなのです。修道会の奉献生活の始まりに戻ることは、そこで水を飲むように源泉に立ち返り、現代にふさわしい答えを出せるようになることを意味するのです。

現代とは今のことです。わたしたちは、今、自分たちのカリスマから答えを出さなければなりません。それは挑戦であり、情熱が求められます。そうでなければ、全てはうまくいきません。奉献生活と修道会の始まりの時代の記憶は、豊かな記憶なのです。わたしたちはこのようなことも学びました。それは、現代を生き、未来をつくるために起源にさかのぼることの大切さです。

「豊かな記憶」とは、何を意味しているのでしょうか？

教皇　記憶については、いつも申命記という意味合いで話しています。わたしが豊かな記憶と言う時は、奉献生活が、申命記に書かれているように、豊かな記憶をもつべきだということを話しているのです。それは、過去を見て思い起こすようわたしたちを駆り立てる記憶です。インスピレーションを与えてくれるのは二十六章です。[7] わたしたちは、決して記憶を失ってはいけません。記憶が、わたしたちに熱意をもって現代を生き、正しく未来を見させてくれるからです。インスピレーションの根源は、過去の中にあるのです。記憶は、鍵となる問題と思われます。わたしたちは記憶を失ってはならないのです。

同じことが家庭にも当てはまります。子どもたちが、おじいちゃんおばあちゃんと話すのをやめてほしくないのです。彼らは根っこであり、子どもたちの人生にとって、とても重要であるからです。根っこがなければ、大切な何かが欠けてしまうのです。……若者たちの歩みは速い。しかし、その歩みをよく知っているのは高齢者たちなのです。そのことを心に留めておきましょう。

ルーツに向かうことは、わたしたちが恐れずに現在を適切に生きる助けとなります。恐れずに生き、歴史に関わり、物事に没頭する情熱をもって人生に応えることが大切です。それは、自分が全面的に関わった方、イエスを見失うことなく、サッカーのゴールキーパーのように、どこから来てもペナルティーキックをセーブするためにダイビングすることを恐れないという一途な情熱です。イエスの存在が全てです。そこに奉献の召命の力があるのです。福音によってもインスピレーションによってもイエスがいない奉献生活……それではうまくいくはずがありません。イエスへの一途な情熱がなければ、奉献生活に確かな未来はありません。その情熱が、わたしたちを預言に向かわせるのです。しかし、奉献生活の預言的な側面について語ることは、未来を言い当てるということではありません。ホロスコープや占いの類ではないのです。それは、愛するイエスへ情熱を傾け、燃えるような心をもって、自分自身から抜け出すことです。もしかしたらそれが、将来的には他者のためになるかもしれません。わたしたちは、奉献生活によって他者へ道を示し、彼らに寄り添い、助け……常に歩んで行くのです。水が流れ行くのを止めさせないように。これまでたびたび教会を水にたとえてきましたが、奉献生活も同じです。流れがよどめば水は濁ってしまうのです。

こうして奉献生活と教会について話していると、これら二つは、互いに置き換えることができるのではないかと思うときがあります……。

教皇　そのとおりです。この二つは、ある程度似通っています。類推の神学がありますが、それは多くのことを教えてくれます。たとえば、福者ステラのイサク修道士を考えてみてください。覚えていますかどうか、彼は典礼暦を通して年に数度、教会の祈りの朝課に出てきます。ある説教の中でイサクは、魂の類似性について語り、マリアについて言われていることは、教会と魂についても当てはまると言っています。[8] マリアは信者たちの内にキリストを産む母親です。ですので、マリアについても教会についても、そして忠実な魂についても、その帰属によって正しく言い表すことができるのです。そのような類似性から、奉献生活の女性的な側面について語ることができます。つまり奉献生活は、命を受け、命を生き、命を与えるという一つの多産的な体へ所属することなのです。そこに教会があり、その教会もまた女性的なのです。そのことを見失ってはいけません。

古い文献は、現在の状況を理解するのに大いに役立ちます。奉献生活を理解するために、教父や隠修士時代の名高い修道士たちを頼るのはすばらしいことです。わたしたちもまた、奉献生活をする者です。彼らの泉に水を飲みに行かねばなりません。教父らは、直感的にさまざまなことを知っていたのです。教父らの語ったこと全てがルーツなのです。わたしたちは常に彼らに立ち返らなければなりません。奉献生活の始まりに、大アントニウスに……フィロカリアに返るのです。もしかすると、彼らの語ること全てが、実行できるような現代に合ったものではないかもしれません。しかし、そこには驚くべき知恵と洞察力が詰まっているのです。

［次なる一連の質問に移る前に、わたしは立ち上がり、口に水を少々流し込みました。そうしながら教皇には、部屋の調度品について少しご説明いただけないか、と尋ねました。それぞれの関連性はあまりないものの、わたしには、それらが無造作にそこに置かれているとは思えなかったのです。つまり、一つ一つがフランシスコにとって特別な意味があり、彼がそれらを選んで置いているのではないかということです。はたして教皇が言われるには、たとえば夢見る聖ヨセフのご像のように、彼にとって特別なものもあるということでした。それは、夢の中で神のことばを聞く大切さと、とりわけ、命じられたとおりに行動できることの大切さを思い出させてくれるということです。わたしは立って写真を撮らせていただきました。

他にも十字架や聖画がありました。ブロチェロ神父[9]の住まいの、屋根の梁木で作られた十字架、ピエール・ファーブルの誓いが描かれた絵、そしてルハンの聖母の絵……その他、あちこちからやって来たものが置かれていました。それらほとんどが、具体的な出来事や状況を表すものでした。

しかしフランシスコは、特に壁に掛けてあったルプニック神父[10]による聖画について話してくださいました。それはマリアを描いたモザイク画ですが、彼女が中心にはいないのです。重要なのはイエスで、神と人との間の仲介者として描かれています。そこでマリアは枠であり、神が降りてくるために必要とした人間としての存在なのです。マリアの両手は、イエスの階段としての役目を果たします。これがイエスのsynkatabasis《シンカタバシス》（適応）です。神は降りて来るために、マリアが必要だったのです。それでマリアは腕を下ろすのです。イエスは彼女のマントをしっかりとつかんでいます。フランシスコは、この絵もまた、奉献生活を非常に「よく表した」ものかもしれないと言われました」。

【注】

1　*Throw out the baby with the bath water.* 悪いものを取り除こうとして、良いものまでいっしょに捨ててしまう間違いを表すことわざ。転じて「不要なものといっしょに大事なものを捨てるな」。

2　【訳注】ベネディクト十六世時代にアメリカであった女子修道会への使徒的巡察をめぐる問題のこと。

3　【訳注】一九六五年に認可された男子修道会「キリストの兵士（Legion of Christ）」などのこと。同会は、創立者マルシアル・マシエル神父の児童性虐待問題などにより、二〇〇六年から聖座の介入を受けている。

4　【訳注】修道者・在俗会聖省（現：奉献・使徒的生活会省）―司教省『教会における司教と修道者の関係についての指針（*Mutuae Relationes*）』。

5　J・M・ベルゴリオ「教会と世界における奉献生活とその使命」についてのシノドス（第十六回全体会議、一九九四年十月十三日）における発題。

6　【訳注】一九六八年に教皇パウロ六世によって召集され、コロンビアのメデジンで開かれた第二回ラテン・アメリカ司教会議。

7　申命記の二十六章は、主がかつて彼の国の人々のためにした偉大な業を思い出させてくれる。「わたしの先祖は、滅びゆく一アラム人であり（……）。エジプト人はこのわたしたちを虐げ、苦しめ、重労働を課しました。わたしたちが先祖の神、主に助けを求めると、主はわたしたちの声を聞き、わたしたちの受けた苦しみと労苦と虐げを御覧になり、力ある御手《みて》と御腕《みうで》を伸ばし（……）わたしたちをエジプトから導き出し、この所に導き入れて乳と蜜の流れるこの土地を与えられました……」。

8　待降節第二週土曜の朝課。

9　【訳注】ホセ・ガブリエレ・デル・ロサリオ・ブロチェロ（一八四〇―一九一四）。アルゼンチン、ルドバ教区の司祭で、貧しい人々への司牧に尽くした。二〇一六年、フランシスコによって列聖。

10　マルコ・イヴァン・ルプニックはイエズス会司祭で、芸術家、神学者、作家。モザイク画によって世界的に名を知られている。教皇庁立文化評議会のメンバー。

第二章　熱意をもって現在を生きる

奉献生活の成熟

現代の奉献生活をご覧になられて、奉献生活者であることは、かつてより難しいと考えられますか？

教皇　正直に言って、今の世の中で奉献生活者として生きることはとても難しいと思っています。かつては、ある意味、規律が守ってくれていました。わたしたちの生活には、もしかすると、多少ペラギウス主義的概念があるのかもしれません。創立者たちは、ある方法の中にわたしたちの生活を計画し、神とどのように関わってきたか、その経験を基に最初の会則を書いたのです。しかし、その後、奉献生活はやや新鮮味を失い、規律に服すようになりました。その典型的な例がイエズス会に見られます。わたしたちイエズス会には守るべき規律が三つあります。それらは「基本精神綱要（Fórmula del instituto）」「会憲（Constituciones）」「会則（Reglas）」です。重要なのは、何といっても「基本精神綱要」です。「綱要」は手直しのきかないものです。それができるのは教皇だけです。イエズス会の「会憲」には、他の修道会も倣っています。そこに修道会の一般的な活動指針が見いだせるからです。それから「会則」があります。奉献生活について、簡単で当たり前のことが記されています。それらはとても実践的で、いつでも変更が可能です。今では辛うじて用いられるような事柄についても述べられている部分があります。「会憲」は「綱要」に次ぐ非常に厳格なものですが、むしろ一般的な活動指針になっています。しかし「綱要」は、不変の核心部なのです。

ピウス十一世の近しい友人で、イエズス会の偉大な総長だったレドホフスキ神父は、会員のためにそれら三つをまとめることを望み、何人かをその役目に任命し実行させました。その成果は、要約され、『イエズス会大要（*Epítome del Instituto de la Compañía de Jesús*）』というタイトルの本となって出版されました。それは、「綱要」「会憲」「会則」の統合であり、結果としてそれら三つが同じようなものになってしまいました。どれもが同じ価値をもつものになってしまったのです。それは、単なる寄せ集めでした。大げさに言えば、料理係の決まり事が、「綱要」と同じくらい重要なものになってしまったわけです。それでもレドホフスキは大いに満足し、大の友人だったベネディクト会の大修道院長にそれを渡し、勉強するよう置いて帰りました。しかし、少しして大修道院長はレドホフスキ神父に言いました。「あなたはこの本でイエズス会を壊してしまった。大切な魂を取り除いてしまったのだ」。神父は、本のような視点でイエズス会を統率していましたが、それはイエズス会士の生き方をむしろたやすくするものであったのです。そのような方法では、奉献生活者は、一人前の大人として奉献生活を送ろうという気にはなりません。なんとしても必要なもの、それは、識別する力なのです。

よきイエズス会士であるためには、『イエズス会大要』によって定められたことで事足りてしまったのです。中には無条件によいものもあるので、よいイエズス会士であるには、そのいわば規律に従うだけで十分でした。規律を守っている限り、間違うことはないということです。しかし、そのような規制され過ぎた魂のない生活は、今日求められている奉献生活ではありません。「霊操（Exercitia spiritualia）」に新たな活力を与えるには、アルペ神父の登場を待たねばなりませんでした。そうしてイエズス会の生活と奉献生活全般は新たにされ、その状況と世界との対話の中で、奉献生活をさらに向上させるための識別力の価値と重要性が取り戻されたのです。Centro de Espiridualidad Ignaciana（イグナチオ霊性センター）では、ルイス・ゴンザレス神父が会員のためにすばらしい働きをしました。ジュリアーニ神父の『クリストゥス（*Christus*）』誌は、会の本質的な刷新の判断基準となりました。『イエズス会大要』の危機は乗り越えられ、アルペはピエール・ファーブルやイグナチオ・ロヨラら創立者に立ち返ったのです。アルペも、間違いなく彼ら偉大な神父らの中の一人です。そうしてイエズス会内では、全てが回復し刷新されたのです。よくご存じのボコス枢機卿[1]も改革者の一人です。他にも先駆者として奉献生活を見直し、更新に力を注いだ人はたくさんいます。

本当のことを言いますと、かつては、奉献生活を送ることは非常に簡単だったのです。それは、公会議以前においては、教会の概念が明確で決定的であったことによります。たぶん、当時の教会はうまくいっていたのです。事実、わたしは教会の中で教育を受けました。

幼い頃から教会のビジョンの中で育ったのです。全てが整然と秩序立っていました。ピウス十二世が夕のミサを認め、聖体拝領前の断食を一時間とした時、騒いだりオロオロしたりする人たちがいたのを覚えています。これをどう思いますか？　当時は全てが厳格にルール付けられていたので、それに従ってさえいればよかったのです。しかし、現代は、自分自身をあえて危険にさらし、自ら神のご意志を探さなければなりません。共同体の中で長上らと、あるいは独力であっても、いずれにしても、神のご意志を探しに出ざるをえないのです。

そうであるならば……わたしたちが今、よき奉献生活者であるためにはどうすべきなのでしょうか？

教皇　識別力の恵みについて考えてみるといいでしょう。今日では、識別力の恵みを生かせない奉献生活者は、初歩であっても、著しく欠陥のある者とされます。成長を促す基本的なものが欠けているのです。奉献生活を送る者は、乳飲み子のままであってはなりません。識別力の恵みは、奉献生活者に必要な成熟を与えてくれるのです。今日においては、「成熟」こそが、奉献生活の基礎・基本なのです。

服従という視点から話しましょう。成熟した奉献生活者、いやむしろ成熟しつつある奉献生活者は、服従することで必要な決定を長上や共同体に求めるようになります。現代では、よほどの隠修士であっても――ここのところをどうか理解してほしいのですが――たった独りでは歩めません。つまり、奉献生活は独りではできないのです。共に歩んでくれる誰かが必要なのです。共同体の中で生活をする奉献生活者には、共同体があり、長上らがいて、共に歩むための総会があります。彼らが歩みを可能とさせてくれるのです。少しずつ歩み、それを確かなものにしていく。それが奉献生活の成熟です。奉献生活者は子どもであってはなりません。大人でなければならないのです。そのための鍵が、識別力なのです。

課題は大きいが……足りない力

教皇様はかつて、*Reflexiones en Esperanza*『希望についての考察』[2]の中で、カリスマを生きるとき、「教会の伝統的なやり方」と「現代のこと」との間に、避けがたい緊張があることを書かれていました。それは、授かったカリスマと、そのカリスマがわたしたちの生きている世界のニーズへ適応することとの間の緊張だと指摘されています。挑むべき課題はきわめて大きいのに力が足りないという現代の脆弱な状況の中で、その緊張をどのように生きていくのがよいのでしょうか？

教皇　今頭に浮かんだイメージで答えさせてください。旧約聖書のサムエル記上が語るイメージです。ダビデは神を信じ、自ら巨人と戦うことを申し出ました。サウロはダビデに、自分の兜《かぶと》と鎧《よろい》を着けさせました。あらゆるものを与えられましたが、ダビデはお手上げでした。歩くことさえできなかったのです。すると聖霊が現れ、重荷になっているものを全て取り除いたのです。ダビデは牧者の杖《つえ》を手に取り、いくつかの石を選んで投石袋に詰め込みました。そして石投げひもを手にし、巨人、ゴリアトとの戦いに向かって行ったのです。

ダビデは識別力のある人でした。その時、聖霊が識別力を生かすよう働きかけたのです。

「これでは戦えません。全部脱がなくてはなりません。自分のものだけで戦います」。同じように奉献生活者も言うべきです。「自分のもので人生と物事に立ち向かう」と。しかし、自分のものとは何でしょう？　それは自分であることです。つまり、人格、洗礼を受けたこと、姓と名、修道会の一員であること、家族の一員であること、などです……。それが、自分固有のものなのです。わたしは、自分のものだけで対話をし、戦いに向かいます。それは、押し付けられたものでも、気まぐれに、あるいは間違って身に付けてしまった習慣でも、カリスマとまったく無関係のものではないのです。

私たちは、しばしばいかめしく巨大な施設を目にします。各種学校、大学、病院、その他あらゆる種類の施設がありますが、そこには力がなく、信仰もないのです。ここが識別力の必要なところです。事業と仕事を分けて考えなければなりません。すべての仕事が事業ではないのです。時として事業が、わたしたちを圧迫するのは確かです。しかし、識別力が必要です。それは全てを窓から放り投げることではありません。「カトリック校を閉鎖すればよい」と言う人もいます。しかし、待ってください！　識別力を働かせ、今日の教会や社会の課題に対して、カトリック校が対応するには、どうしたらいいかを見届けましょう。教育は大切です。カトリック校をどう前進させるか、よく考えるのです。他の事業体も同じです……。

確かに、事業体がわたしたちを裏切ることもあります。事業にばかり重要性が置かれるあまり、カリスマの力が隠されてしまうのです。それらはすべて、現代社会との対話と密接に結びついています。事業は、そのような対話の結果に違いありません。わたしたちは、自分自身に問いかけなければなりません。たとえば、こうです。「今、教育は必要だろうか？　もちろん。では、カトリック校は？　もちろん。では、どうやってそれを存続させていくのか？」それは、明確に問われ、誠実に答えられなければならない問題です。もし、わたしが生きながらえ、五十年前には役に立っていたけれど、今はもう用済みの事業を無意味に継続していくならば、事業体もこの奉献生活をも、台無しにして存在意義を失わせてしまうのです。

しかし、課題と力の隔たりが非常に大きい場合があるのも事実です……。

教皇　そのことについては、別な例が頭に浮かびます。イグナチオ・ロヨラの同志の一人であった、イエズス会の聖ピエール・ファーブルについてお話ししましょう。彼は、イエズス会最初の司祭です。ピエール・ファーブルの回顧録は、大事を前にしての彼の驚くべき識別力を教えてくれます。わたしは彼を、情報の守護聖人にあげました。彼は、まさに三十九歳になろうとする時に帰天しました。自分の足で歩いてどこにでも行く人でした。ドイツに向かい、プロテスタント諸派と対話をもち、話し合いました。勇敢で、情感豊かで、深い愛情と忍耐をもって、他者の立場になって考えられる人でした。

彼は非常に小柄な人でした。何事にも従順な人でした。誰とでも、キリスト教とは無縁な人、考え方の異なる人とでさえも話し合いました。創造的コミュニケーション、人間関係、霊的生活のよき例であり、達人であったことは明らかです。並外れた（神との）内的対話力をもっていたのです。ファーブルは、その低姿勢や柔和さから生まれる大きな決断力と識別力のよき見本です。たしかに、わたしたちは小さな存在で、非力かもしれません。しかし、わたしたちの修道会を閉鎖的な軍隊にしないでほしいのです。カリスマがもつ力を無にしてしまうような事業の中に、隠れてしまうことはやめましょう。事業は、適正に運営されなければその役割を果たせません。ひとたび時代遅れになってしまったならば、刷新するか、そうでなければ手を引いた方がいいのです。

カトリック校の件も、おそらく、識別力が必要なケースです。修道会によっては、教育に関わる仕事や学校を、一般の人の手に委ねるという幻想が生まれました。そこでは一般の人らによる理事会が作られ、経営が任されますが、一年かそこらで理事会は一新され、メンバーが代わり、他の人がやって来るのです。そのようなやり方によって、カトリック校はカリスマも存在意義も失ってしまっているのです。

そうした意味で、ラサール会のように教育に身をささげた修道士たちの修道会は、よい仕事をしていると思います。また、教育に尽力している女子修道会もたくさんあります。それらの会は、優れた判断力と見識によって、霊性を備えた信徒を育成してきました。彼女らは、調和のよくとれた霊性豊かな信徒を、重要な役職に就かせています。たとえその人たちがその職を辞しても、事業そのものは力強く進んで行けるのです。事業を離れる必要があるなら、離れられるということです。しかし、必ずや、次なるよき手の中に受け継がれなければなりません。

召命：神との契約

教皇様は、イエズス会士として奉献生活を送ることを決められました。イエスの何が、そして奉献生活の何が、教皇様を引きつけたのでしょうか。そして今でも引きつけ、魅了するのは何なのでしょうか？

教皇　わたしは神学校を出ました。いいえ、担架に乗せられて連れ出されたのです。肺炎にかかり、死ぬところでした。神学校の医師は、風邪かインフルエンザと考え、アスピリンで何とかなると思っていました。あの夜、病院に着いた時、シスターと一緒にわたしの担当となった医師は、わたしの胸膜から一・五リットルの水を抜きました。肺が水でいっぱいだったのです。それがわたしの命を助けてくれたことは確かです。もちろん医師もですが、実際には、彼以上にシスターがわたしを救ってくれたのです。医師は、わたしに異なる二種類の抗生物質の投与を指示していました。しかし、医師が出て行った後、そのシスター、ドミニコ会の第三会員で、かつてはギリシャで教師を務めていたというイタリア人、コルネリア・カラリオは、こう言ったのです。「薬の量を二倍に」。実に聡明なシスターでした。薬を倍投与することを命じ、わたしの命を救ってくれたのです。それは八月十三日の出来事でした。昨日のことのように覚えています。一カ月後に退院して家に帰って療養し、十一月に手術のため再入院しました。そして、片方の肺の上肺葉を摘出したのです。

あの時、そのような状況の中で、わたしは神学校での自分の存在を考え直さざるをえませんでした。よく分かりませんが……ますます宣教師になりたいという思いが湧いてきたのです。教区司祭ではなく、奉献生活という考えが確かなものとなったのです。しかし、自分だけで歩んで行けるとは思いませんでした。興味があったのはドミニコ会とイエズス会でした。最終的には、わたしに洗礼を授けてくれたサレジオ会の司祭の勧めもあって、イエズス会を選びました。

奉献生活の何がわたしを引きつけたのか、ですね？　分かりません。おそらく、わたしはとても我が強く、自分勝手な人間でした。しかし、それと向き合うことは、わたしにとって必要な一歩であり、それによって、このような考えが浮かんできたのです。自分自身をささげ、役立つ人間となり、何かをする。それが、わたしの背中を押したのです。今の私にとっては「教会の役に立つ」、つまりは望まれたことに応えるということです。イエスという人は、いつもそこにいてくれました。最初に呼ばれた時からです。しかしあの時、奉献生活の選択に関しては、「教会の役に立つ」ということがより重要だったのです。

奉献生活：預言的顕示

奉献生活が、今日の若者に、それを永遠に受け入れることを真剣に考えさせるほどの熱意を与え続けていると思われますか？

教皇　答えるのが難しい質問です。複雑で大き過ぎる問題です。場合によりけりだと思います。今思いついた言葉ですが、それはいつも、奉献生活の「預言的顕示」にかかっているのではないでしょうか。つまり言いたいのは、そのような歩みを通して主に従いたいと望む若者の心に届くのは、奉献生活によってはっきりと示される力次第だということです。そして、その召命の力とは、言いかえれば常に喜びを意味するのです。

基礎・基本であるカリスマを生かす力がないのならば、奉献生活は誰をも引きつけることができません。せいぜい精神的に不安定な人や病気の人を呼び寄せるだけです。それは奉献生活の入り口における別の深刻な問題です。なぜならば、奉献生活の中に避難場所を求めている人が確実に存在するからです。奉献生活が、それを生きる人たちの中で力をもてば、その力は若者たちの心に届きます。彼らの感情は燃え上がり、主のメッセージを理解し、奉献生活に入って来ることになるでしょう。

とはいえ、召命に寄り添い、識別することが簡単ではない場合がしばしばあります……。

教皇　そのとおり、簡単ではありません。養成担当者にとって、それは大きな課題です。修道会の支援を求めている若者は常に存在します。教区神学校でもそうです。それなのに、女子修道会にしても男子修道会にしても、召命についての徹底的な調査と、召命の適切な選択の必要性をまだ認識していない会があるのです。確かな召命がなく、イエスへの明確な思いがなく、イエスのように生きるという思いもない若者が、修道院に隠れ家を求め、招き入れられてしまうのならば、それは修道会、あるいは司祭職の未来を抵当に入れて借金をするようなものです。ふさわしくない人、そして極めて深刻な問題を抱え、奉献生活の中に避難場所を見つけられると考えている人を受け入れるべきではないのです。

しかし、そのようなことを求めている、あるいは無意識に、単純な自分探しをしている若者は少なくありません……。ですので、私たちには慎重さが求められます。実際のところ——聖人を含めて！　——わたしたちみんなが百パーセント純粋な目的をもって奉献生活に入っているわけではありません。それは真実です。誰もが、何かしら目的をもって奉献生活に入りますが、それら全てが純粋というわけではなく、意識さえしていないこともあります。しかし、わずかであっても、根底にある目的の純粋さは、やがて少しずつ磨かれ、まとめられ、清められ、次第に確かなものへと発展していくのです。しかし、奉献生活に最初から逃げ場を求めて入ってきても、進歩がありません。ですので、後々後悔することにならないよう、私たちは目を光らせておく必要があります。

一九七二年、わたしが修練長だった時のことです。わたしたちイエズス会では、修練期や志願期にある若者らに、あるテストをします。彼らは、たいてい一年か二年の準備期間を過ごします。それぞれの場所で勉強や仕事を続けるのですが、土曜日と日曜日には修練院に戻り、週末を過ごします。そこでサッカーなどを通して、他の修練者を知ることになります。わたしや他の仲間とおしゃべりして過ごすのです。そのようにして、お互いをよく知るようになっていくのです。すでに入会を望んでいる者に対しては、性格や人格に関する基礎的な検査を課していました。それは非常に大切なものでした。何ら特別なものではありませんでしたが、とてもよくできた検査で、親しくしていた、ある優秀な心理学者に分析をお願いしていました。彼女は、アルゼンチンでも五本の指に入る心理学者で、特にロールシャッハテスト[3]の分析に長けていました。

二人の若者の件で彼女を訪ねた時のことを思い出します。一人は、性格も弱く、大してとりえのない若者でした。性格的に適性を欠いていました。わたしはこう考えました。「この子は失格だろう」。もう一人は、才気煥発《かんぱつ》な若者でした。「この子は間違いなく合格するだろう」。最初の若者から始めました。すると彼女はわたしに言いました。「この子は、あらゆる面で性格的に適性を欠いていることは確かです……。しかし、その一方で豊かでいいものをもっています……。それらを育む支援をすることで、彼をよい司祭に導くことができるでしょう。彼ならば、前進を続けることができると思います。全ては、彼をどう支援して、成長させていくかにかかっています。けれども、もう一人の方は、絶対に無理です」。

信じられませんでした。「ですが、先生……、彼はとても優秀です」。彼女は言いました。「ええ、だけど、この子は修道生活に逃げ場を求めています。無意識のうちにたくさんの問題を抱えてしまっています」。わたしは彼女に、支援によって可能性があるかどうかを尋ねました……。「いいえ。絶対に無理です。彼は自分が病んでいることに気づいていません。無意識のうちに隠れ家である、何不自由ない寮生活を求めているのです」。わたしは食い下がりました。「そうであったとしても、とても理解できません」。彼女はわたしを見つめ、言いました。「こういうことです、神父様。病気の人がいる。それだけです」。さらに続けました。「彼らは無意識のうちに病んでいることを知り、無意識のうちに癒やされないことを知っています。それで、人生の中で自分たちを守ってくれる場所を探し、あたかも安心・安全を与えてくれる病院のように、その中で生活できる場所を求めるのです。しかし、後にそこでも安心できなくなると、病は大きくなり、良心にまで及び、さまざまなタイプの荒廃を引き起こすようになります。そして、定まった堅苦しい形式の中で生活をしなければならない、堅固な施設を求めるようになるのです……」。

はっきりと言っておかなければなりません。奉献生活や神学校に人を迎え入れる時は、最大の慎重さと注意を払わなければならないのです。

試される確かさ

「生涯」ということが、今日では大げさと思われていないでしょうか？　それが、奉献生活への召命の受け入れを妨げる困難の一つになり得ないでしょうか？

教皇　同じことが結婚でも起こっているとは思いませんか？　「生涯」に対する思いが弱ければ、どんなことでも始めた歩みを捨ててしまうこと、つまり離別の理由になるのです。うまくいかないのならば、わたしもあなたも別な人を……。現代では、人生をそのように考えてしまう人が非常に多いのです。奉献生活においても、同時並行生活、二重生活が存在します。あるいは、ごまかし……あるいは、単純に逃げ出して、それで終わりです。「生涯」ということが、現代では大変難しいのです。動機がないのです。結婚においても、奉献生活においても、司祭職においても、大切なのは動機です。そして、それには先立つ教育、つまり成熟へ向けての歩みが必要なのです。

ある司教の話です。大学を終えようとする若者がやって来て、こう言ったのだそうです。「十年だけ司祭をやってみたいのですが」。信じられますか！　これが現代の文化なのです。わたしたちは、かりそめの文化の中に生きているのです。だいぶ前から絶版になっているかもしれませんが、ホセ・コンブリンの名著があります。今から六十年くらい前の本で、*O provisório e o definitivo*（かりそめと終局）というタイトルの本です。現代における、そのような全ての現象を理解させてくれる古典です。人生における決定的な選択は、間違っても流行に左右されてはいけないことを教えてくれます。

活動修道会、あるいは観想修道会に入ろうと決意した子どもをもった両親には、どのような声かけができるでしょうか？

教皇　わたし自身の経験と、他の人たちを見てきた経験から確かなのは、もし親ならば、子どもをよく知るということだと思います。少なくとも、そのように努めるべきです。両親ならば、自分の子どもが、現実の世界を生きているか、そうでないかを知っています。父親や母親は、自然とそれを「直感的に」知るのです。彼らは、子どもの決意が一時的な思い込みによるものにすぎないかどうかを知っているのです。子どもが「軽はずみな人間」でないと分かるならば、ゆっくりと歩みに寄り添い、どのようなアドバイスができるか考えることも両親には必要だと思います。

わたしの身近なところでは、ここ（聖マルタの家）の食堂で働いている男性の例がありました。彼の奥さんもここで働いていました。よく働く女性でしたが、二年前にがんで亡くなりました。二人の息子がいて、彼らはそれぞれ二十一歳と二十二歳でした。二十二歳の息子は調理師で、将来を期待されていました。腕がよく、責任感のある調理師でした……。しかし彼は、自分の教会に足しげく通い、奉仕活動をするようになりました。そして子どもたちに教理を教えるようになります。ひと月ほど前でしたか、彼は父親に、教区神学校に入りたいと告げました。父親は喜びました。わたしは彼に言いました。「亡くなった奥さんが天から授けてくれたのでしょう」。彼は、こう答えました。「はい、そのとおりです。でも、わたしがうれしいのは、息子が自分の歩むべき道を知ったということなんです」。もう一人の息子は婚約していて、いずれ結婚することになるはずです。

その父親は、息子がやっていけることを感じ取ったのです。それは、息子が本気で事と向き合っていたからです。手に職をもち、つつましく暮らしている二十二歳の息子が、教会で奉仕をし始め、貧しい人々を助け、子どもたちに教えるようになった。要するに、ここ数年来の彼の生き方を見れば、その決心には何ら疑うところがないことが分かるわけです。

父親は「直感」で、息子が何とかやっていけることを知ったのです。もし、子どもが本当にイエスに召されているならば、両親はためらうことなく一緒に歩むべきです。父親なり母親なりが「軽はずみな人間」と認める息子が、一週間前までは自動車レーサーか他の何かになりたいと言っていたのに、ある日司祭になりたいと言ってやって来ても、よく話を聞いてあげるべきです。子どもがある選択を始めた時、それが本当のものか、そうでないかを知ることができるのは、子どものことをよく分かっている両親なのです。

ご自身が神学校に入ろうと決められた時のご家族の反応はどのようなものでしたか？

教皇　わたしが家で神学校に入りたいと言った時、父と祖母は、すぐに受け入れ認めてくれました。しかし、母は、初めは認めませんでした。少し不機嫌になりました。反対だったのです。理解できなかったようです。「まずは大学を卒業しなさい」。わたしがまだ成熟しきっていないと見て取ったのは明らかです。直感したのです。それで初めは疑ってかかったのです。しかし、その後は死ぬまで、わたしを支えてくれました。父がすぐに認めてくれたのとは対照的でした。

アルス・モリエンディ（往生術）がカリスマを滅ぼす

ある時、教皇様は、奉献生活に関するお話の中でこうおっしゃっていました。「年齢や数に左右されてはならない」と。奉献生活者として、勇気をもち続け、高齢化あるいは修道会における召命の困難さに立ち向かうために、わたしたちは何ができるでしょうか？

教皇　ひところ、ヨーロッパで奉献生活の流行のように捉えられていたものの一つにアルス・モリエンディ（Ars bene moriendi）があります。それを取り入れた二つの修道会の管区を知っています。それらの管区では、修練期を行わないことが決定されました。修道会に入りたいという人が来ても、受け入れできないので他の管区に回すことになります。「他の管区に行ってください。ここではもう、受け入れをしていないので」と。そのような会の一つに、新しい管区長がやって来て方針を変えました。しかし、簡単ではありませんでした。メンバーの何人かは、信念をもっていました。「もはや未来はない……。それならば威厳をもって死ぬだけだ」。そのような選択をした女子修道会もあります。彼らは悪い修道士・修道女ではありません。しかし、自分たちが最後であることを確信しているのです。あえて下に続く者たちを受け入れようとはしないのです。

これは一見、誠実なように見えますが、結局のところ、彼らは他の確かなこと、おそらくは、もっと世俗的なことを求めていたのが分かります。典型的なことは、財政の確かさです。中には「あらゆる不測の事態に備えて」お金を確保するために、不動産の売却を始めている修道会もあります。そのような修道会を多く見てきました。お金の中に逃げるのです。確かな老後、彼らの世話をしてくれる人たちにお金を払うために不動産を売るのです。

これは深刻な問題です。そのようなやり方を、わたしは何度となく非難してきました。なぜならば、それは、わたしにとって決定的なことである清貧の問題に直接関わってくるからです。

教会でも同じことが言えますか？

教皇　そのとおりです。しかし、それが顕著なのは修道会です。

主に尋ねる

召命が減少していると言うならば、何が起きているのでしょうか？　主が召し出してくださらないならば、わたしたちは何をすべきでしょうか？

教皇　問うことです。主に尋ねなければなりません。「何が起きているのですか？」と。長上に尋ねましょう。共同体で、わたしたちの中で尋ね合うのです。司教に、そして修道会に問うのです。目を開いてわたしたちが生きている今この時をよく見て、調べ、分析し、識別したら、あとは決定するのです。しかし、「保険」をかけるような解決法は、何にもなりません。決してです。そのような解決法がもたらすのは、たとえ最後の日々のために「五つ星（ホテルのような快適さ）」が約束されていたとしても、終末を先延ばしするだけです。そうであってはならないのです。

召命のない観想修道会が、一年二年、そして十年と月日が流れるのを見て……彼らに召命がもたらされることはあるのでしょうか?

教皇　彼らにも同じことを言うでしょう。「神のご意思は何なのだろうか?」と尋ね合うことです。司教、あるいは聖座が、「シスターたち、お聞きください。皆さんは四人だけで年長者です。別な修道院に移るべきです……」と言えば、こう答える修道女もいるでしょう。「いいえ、移りません! これがわたしたちの生き方です。この修道院は歴史があり、文化財もあります。ここにも、あそこにも……」。そのように答えるということは、要するに動きたくないということです。意地でもです。そのような頑固さがあるのであれば、彼女たちの心は、豊かさに向かって開こうにも完全に閉じられてしまったままです。そうして修道院にとどまり続け、そこでさびしく生涯を終えるのです。それは、観想生活にふさわしい生き方ではありません。そのような生活をすることの、最も深い理由を否定するものです。

可能性のある召命をより上手に受け入れたり、若い人たちの間に奉献生活によってイエスに従う熱意を起こさせたりするために、わたしたちはどのような準備をすればよいのでしょうか？

教皇　奉献の喜びを生きることです。奉献の喜びを証しせよ、ということです。若い人たちは、それを見て飛び込んで来るでしょう。彼らは、そこに召命の力を見るのです。しかし、彼らが、退屈そうにしている人たちや、自分の問題も解決できない人たちを見てしまったら、奉献生活に入ることも近づくこともないでしょう。要するに、大切なことは、喜びに満ちた奉献の証しなのです。他に必要なことはありません。それこそが最良の宣伝なのです。

イエスの勝利：十字架

最近、西ヨーロッパのあちこちで、召命に「成功」している男・女修道会が現れています。

どのようにお考えでしょうか？

教皇　聖霊は、望むままに、望むときに、望む場所で働かれます。そのことに異論の余地はないでしょう。神は、望まれる人を、望まれる時に望まれる方法で召し出します。しかしながら、わたしがとりわけ驚いているのは、その現象が、時に過剰な勝利主義《トライアンファリズム》を伴っているという事実です。この勝利主義をわたしは認めていないことをはっきりと言っておきます。そのような、「試験管内《イン・ビトロ》」のような人為的な方法での多産性を誇示したり、救いがここそこにあると自己称賛的にメッセージを送ったり宣伝したりすることを、わたしは警戒しています。活動的奉献生活と観想的奉献生活の両方において、奉献生活の救いとして現れた修道会もあります。それらをよく見る必要があります。新しいモデルですが、多くの司教から優遇されるまでに認めてもらうことに成功している会もあります。経済的な援助さえ受けている会もあるのです。わたしが知っている司教の中にも、その吸引力や、生き生きとした模範的で敬虔な生活に感嘆している人がいました。それらは新しい奉献生活であり、古風で時代遅れの修道会や宣教会の、お手本と解決策になっていたかもしれません……。しかし、それらの一部では、最終的には、内部腐敗というおぞましい事態が発生してしまったのです。

そのことは、わたしたちはメシアではないということをよく教えてくれています。そのようなタイプの「救世主」は、まったくもって信用に値しません。それは、福音の豊かさではありません。過剰な勝利主義のあるところには、イエスは存在しません。イエスが存在する勝利があるとすれば、それは聖金曜日を準備する中にあります。唯一本当の、そして正しい勝利は、枝の主日のそれなのです。そこにならい、主がおられます。その勝利主義は、わたしたちにこう言うのです。「来るべきことに備えなさい……」。魔法のような解決策はありません。わたしの基準はこうです。過剰な勝利主義は決してイエスのものではない。十字架上のイエスだけが、真にわたしたちの勝利なのです。

それならば、今日、奉献生活の新しい形とは何を意味するのでしょうか？　修道士・修道女・信徒から成る共同体の中で奉献を生きようとする、新しい修道家族については、どのようにお考えですか？

教皇　最近のそれら奉献生活の新しい形が、そのアイデンティティーを探求し、明確にし続ける必要があると思います。それらがもたらす新しさが、より明確にならなければなりません。新しさを求めるにしても、識別力をもってです。そして、それらの新しい形は、伴われることが必要です。同伴し、明確化と識別の手助けをする人がいなければならないのです……。なぜならば、思い違いをしている可能性もあるからです。確かなことは、まだ始まりにすぎず、成熟と熟慮のための時間が必要だということです。

そのような新しい修道会の中には、ちょっとした懐古主義の会もあります。彼らは、教会という領域と、私たちが生きている時代という領域の中で、常によく検証され、最大限の識別力をもって学ばれなければならない古い慣習を復活させようとしています。わたしにとって共同体を判断する基準は、奉献生活者と会った時に必ず話している「3つのP」です。それらは「清貧（pobreza）」「祈り（plegaria）」、そして「忍耐（paciencia）」です。

清貧は基礎となるものです。背骨であり鍵なのです。清貧が欠けてしまえば、全てが揺らぎます。先ほどの勝利主義もまた、清貧の欠如であり、経済的に安全であるとの過信なのです。そう、わたしが言いたいのは経済的な貧しさのことです。その貧しさが鍵なのです。

祈りについては、それらが本物でなければならないということです。よく祈らなければ、物事は前進しません。祈りを知り、祈りを学ぶのは極めて大事なことです。奉献生活は、誠実な祈りの生活でなければなりません。もちろん、一般的な祈りや典礼の祈り、その他……がありますが、奉献生活者それぞれの祈りもあるのです。よく祈ることは、神の前に身をしっかりと置き、礼拝し、神が必要だと知ることです。そして、へりくだり、罪あること、息子・娘であること、わけても弱い立場にある人々と兄弟であると知ることを意味するのです。わたしたちは、神の声に耳を傾けることで、周りで何が起こっているかを識別できるようになるのです。

「その時わたしは、フランシスコの話を少しさえぎり、どのような意味で「礼拝する」という言葉を使われているのか、もう少し明確にしていただけないかとお願いしました。それは、教皇が、ちょうど直近のクラレチアン宣教会の総会の折に勧められたことで、わたしたちの間では議論の的になっていたのです」。

教皇　わたしが言いたいのは、わたしたち奉献生活者だけでなくキリスト教信徒は、心を込めて、誠実に神を礼拝しなければならないということです。聖櫃の中の聖体を賛美・礼拝するだけではないのです。それ以上のことなのです。通常は、主に近づくために、わたしたちは請願の祈り、あるいは感謝の祈りを用います。しかし、礼拝とは、自分自身をさらけ出し、ありのままの姿で神の前に立つことなのです。礼拝とは、このように言うことです。「あなたは偉大な方。しかしわたしには何もありません」。つまり、神の存在の前にいるということです。それは、聖体賛美の公式の祈りの中にもあるのですが、真摯に奉献生活を生きる人がもつ本質的なつつましさの中にあることなのです。奉献生活者のそのような本質的なつつましさをつくり出すのが、この祈りの心です。わたしたちは、賛美して祈る力を半ば失ってしまっています。同じように、神を礼拝する力を一部分失ってしまったのです。今、カリスマ的な刷新によって、その賛美する力をいくらかは取り戻しつつあります。しかし、礼拝する能力については、まだまだ課題が大きいのです。わたしたちは、父なる神を、誠実に礼拝する心を取り戻さなければなりません。その心は、明らかに、沈黙の中で礼拝するという正しい祈りの中で育まれます。礼拝は、とりわけわたしたちが神のみ前にしっかりと身を置き、こう唱える時の支えなのです。「主のみ聖なり、主のみ王なり、主のみいと高し、イエス・キリストよ……」。

忍耐についてはいかがでしょうか？

教皇　忍耐とは、互いを容認する方法を学ぶことを意味します。共同体を、まさにパン種のように「こねる」のがそれなのです。つまり、積極的に容認し合い、心をこめて助け合うということです。ちょうど聖イグナチオ・ロヨラが言っていたように、兄弟が歩くのを辛抱強く待つということなのです。ロヨラの教えには、わたしはいつも注意を引きつけさせられます。彼には、巡礼の規律のような、実践的な規律があります。他の仲間と一緒に歩くとき、早く歩き過ぎるとうまくいかない。ゆっくり歩いている人のペースに合わせなければならない、と彼は言っています。つまり、相手の限界を耐え忍ぶことができる力が必要だということです……。共同体生活や奉献生活に置き換えてみれば、互いに辛抱し合い、その中で兄弟になるということだと思います。

忠実な聖なる神の民に仕えるための養成

教皇様はある時、奉献生活の中での養成を、「警察的な仕事」ではなく「職人的な仕事」と言われました。その点について少しご説明いただけますか？

教皇　わたしが言いたいのは、その人のありのままを尊重し生かす養成スタイルのことです。つまりそれは、男性であれ女性であれ、やって来た志願者、あるいはすでに養成期間にある人たちを、カリスマの原理に従い、寄り添いながら、少しずつ養成していくということです。それをして職人的な仕事というわけです。彼らから目を離さずに、一歩一歩、寄り添いながら歩んで行くのです。そうして彼らに教理を教え、彼らの話を聞き、とりわけ彼らが心の内側で感じていることに耳を傾けるのです。そして、彼らがどのような人間であって、何を身に付けているかを基に、識別することを教えます。それに対して、警察的な仕事というのは、規律や命じたことを守らせるために、彼らを統制するスタイルを指すのに使った言葉です。守らなければ、締め出します。守れるのならば、全てよしというわけです。彼らが成長していくのに寄り添うことはありません。命じられたことを実行するということに、ただ適応させるだけなのです。結局、それが後に明らかになる彼らの諸問題を見えなくしてしまっているのです。

家庭内でも、人はやはり職人的な仕事によって成長していきます。両親が子どもに寄り添わず、ほったらかしにしてしまえば、良い結果にはなりません。子どもの健全な成長は見込めないでしょう。両親がいつもいて、良い環境を作り、言うべき時には、きっぱりと「ならぬ」と言い、なぜそう言ったのかを説明するのです。子どもは、寄り添われ、見守られなければならない存在なのです。

今日では、寄り添い見守ることから始めるのでなければ、養成を考えることができません。父親や母親であることが難しいように、養成者であることは、まったくもって容易なことではないのです。養成者は、霊的な父親でなければならず、その資質をもっていなければなりません。要は、識別力があり、信仰に篤く、忍耐強いということです。たしかに、現代では、養成者であるということは、単純なことではありません。非常に複雑なことです。これをすればうまくいく、という行動パターンは存在しません。しかし、修道会のカリスマや奉献生活の観念と経験をもっていて、福音を手にしているならば……あとは神様が助けてくださいますように！

教皇様はまた、奉献生活者の「全人的」養成を大事にすること、そして、忠実な神の民を先々獲得することの重要性をいつも明言されています。そればかりか、「モンスター」を作らないよう注意するようにとさえ話されました。この点について教えてくださいますか？

教皇　後の方の質問から先に答えましょう。それは誤った養成の結果から始まっています。先ほど、志願者を選別することがいかに大切であるかを話しました。今は、むしろ、すでに養成が始まっているか、養成の初期の段階にいるという、未来の司祭か奉献生活者についての話です。誤った養成の結果の一つで、わたしが最も心配しているのは、聖職者中心主義《クレリカリズム》です。それは、間違いなく奉献生活の中での最大の腐敗なのです。概して、教会生活の腐敗ですから、奉献生活や教区の神学生の養成では注意を払わなければならないことです。それは、

『教会憲章（*Lumen Gentium*）』に記されているように、教会、そして忠実な聖なる神の民の本質をゆがめてしまうという点での堕落なのです。それは、極めて重要なことです。なぜならば、彼らが仕えなければならないのは、まさしくその神の民であるからです。

奉献生活における聖職者中心主義を、どのように言うことができるでしょうか？

教皇　聖職者中心主義であるための聖職者であってはなりません。聖職者中心主義は、「別格である」という態度、しかし人を見下す、差別的な態度で生活する人たちの中に現れます。彼らは、他者に対して、貴族のような態度で接します。聖職者中心主義は、貴族主義とも言えるのです。修道士や修道女であっても、聖職者中心主義になり得ます。聖職者中心主義であるのは、なにもミサを司式するからではなく、そのような貴族階級に自分がいると考えればそうなってしまうのです。一般的に見ても、聖職者中心主義には、貴族主義的な生き方がつきものです。それは、本来仕えるべき神の聖なる忠実な民に対し、常に上位にいるような態度の中に現れます。「聖職者中心主義」「貴族主義」「エリート主義」のあるところには、彼らに場を与える神の民の存在がないのです。

聖職者に場を与えるのは、神の聖なる忠実な民です。小教区の人たちに近い場が、彼らの本来の場なのです。学校に行けば子どもたちとその両親が、病院に行けば患者らが、それぞれ場を与えてくれます。しかし、聖職者中心主義者は、どこにも入りこみません。ここが大事なところです。「入りこむ《インサーション》」という言葉が鍵となります。公会議後、自然発生的に使われるようになった言葉の一つです。やり方がまずくてうまくいかなかったこともあってか、じきに使われなくなってしまいましたが、わたしは、聖霊によって吹き込まれた言葉だと思っています。なぜならば、あの壁に掛かっている、ルプニックの絵に描かれていることと一致しているからです。あれは、民の中に入りこむために身を低くした、イエスのsynkatabasis《シンカタバシス》（適応）なのです。

聖職者中心主義は、「入りこむ」こととは真反対です。聖職者中心主義者は、エリート意識があるため、民の中にいるとの自覚がありません。とりわけ、権力が悪用されるなど、そこからさまざまな弊害が生じます。お分かりのように、聖職者中心主義は、多くの問題の根源なのです。未成熟や神経症が原因である児童への性虐待の背景にも、聖職者中心主義があります。養成過程においては、そのことに多大な注意が払われなければなりません。未熟さを識別し、それを明らかにする手助けをし、健全な成長に向かって寄り添う必要があるのです。

先ほど、全人的な養成の必要性について触れられましたが……。

教皇　ええ、養成は、人間の大切なもろもろの局面を含むものでなければなりません。それは、奉献生活者の養成でも、教区神学生の養成であっても同じことです。養成は、「霊的生活」「共同体生活」「勉学の生活」「使徒的生活」の四本の柱を土台とすべきです。それらは全て互いに作用し合うべきものです。養成過程にある人は、それらいずれかの状況の中に置かれる必要があります。共同体生活が極めて大切なのは、そこで誰もが限界にぶつかるからです。相手を知り、自分もまた相手から知られる。対照的な限界です。それは避けては通れないことです。限界にうまく対処できない場合、養成者には注意が必要です。そこには、何かしらの神経症や未成熟の兆しがあるはずです。それらをどのように制御し、管理し、取り除くかを見極めなければなりません……。しかし、どうかお願いです！　どのような限界であっても、ぞんざいに扱うことがないように。うまく対処できますように。四つの局面の中で。

限界をうまく対処する

その、限界をうまく「対処する」ことが意味するところについて、もう少しお話しいただけますか？

教皇　わたしが言いたいのは、恐れることなく、寄り添うということです。そして、可能であれば、限界を乗り越えるよう働きかけるということです。一つのエピソードをお話ししましょう。ある司祭が恋に落ちてしまい、司教に相談することにしました。司祭は、どうしたらよいか分からなかったのです。司祭を辞めなければならないだろう、とさえ考えていました……。恋をして、常に相手の女性を求めていると感じ、とても怖くなり、ますます混乱に陥ってしまいました。ところが、実際はそうではなく、青年期特有の強迫観念のようなものにすぎなかったのです。しかし、彼は怖くなり、そして、最初に考えたのが、相談できる司教を探すことだったのです……。それが正解です。父親のような存在を探すことが、どれほど救いになることでしょう！　危機や問題は必ずやって来るものです。しかし、恐れることはないのです。

わたしはいつも、司祭らに、人々の限界をぞんざいに扱わないように話します。ゆるしの秘跡を求めて来る人がいれば、その人がしたいように告白してもらうのです。根掘り葉掘り聞き出して、傷口を広げてしまうことがあってはいけません。よく考え、与えたいと思う助言、しかしその人が受け入れることができるだろう助言を与えるのです。その人に合った、ふさわしい助言を、一つだけでいいのです。しかし、その人がこう言って戻って来られるように門は常に開けたままにしておくのです。「なんとすばらしい神父様だろう！　もう一度話を聞いてほしい」。

もう一つ、アメリオ・ルイス・カロリ神父のことを話させてください。ブエノスアイレスの司祭です。彼には、幼い頃に出会いましたが、その後、少年時代になってよく知るようになりました。後に彼は、ある大きな教会の主任司祭となりました。わたしは、彼から多くのことを学びました。わたしの目には、彼は神の人であり、さらには詩人でもありました。乙女マリアにささげられた彼の美しい詩を覚えています。彼はこう語っていました。「我は汚れた水にどっぷり浸かった悪党……」。すばらしい詩です。そこで、とうとう彼は、自分の過ちを後悔して、マリアにこう語るのです。「聖母よ、今夜、我は固く誓う。だが、念のため、鍵は外に置いたままに」。

限界を無理に克服させようとせず、常に扉を開け放しにし、場所を確保しておくことが必要です。告白者は、養成期にある若い人たちと同じように、耐えることのできる範囲内で支援されるべきです。養成においても、そのことが大切だとわたしは思います。つまり、限界を無理に克服させようとせずに、若い人たちを養成するということです。養成者として選ばれた人たちについても、注意が必要です。過度に神経質で、若い人たちに限界の克服を無理強いし、成長の手助けをする代わりに、彼らを潰してしまう養成者もいるのです。よい養成者を見つけることも、とても重要なことなのです。

養成において、容認すべきではない限界はあるのでしょうか？

教皇　もちろんです。過度に神経質かつ精神不安定で、治癒的支援によっても導くことが難しい志願者があった場合、司祭職にも奉献生活にも受け入れるべきではありません。しかし、見捨てることなく、彼らが他の道を歩めるよう支援する必要があります。受け入れはせずとも、方向は示さなければならないのです。彼らもまた、教会、キリスト者の共同体、そして神の民に奉仕して生きていく人々であるということを忘れてはいけません。そのようなことを、視野に入れておきましょう。彼らが、心理的にも情緒的にも健全であるよう見守っていかなければならないのです。

奉献生活者や司祭の中に、同性愛的傾向のある人がいることは、もはや公然の秘密です。これについて、どう思われますか？

教皇　わたしの悩みの種はそのことです。おそらくそれは、ある時点できちんと対処されなければならないことでした。これまで話し合ってきたことに関連させて言えば、わたしたちは、養成において、人格面と情緒面の両方の成熟に特段の配慮をすべきです。真剣に識別し、教会がもっている経験の声にも耳を傾けなければなりません。それら全ての中での識別が行われない場合、問題は大きくなります。先ほど言ったように、その時点では顔を見せていないかもしれませんが、後になって現れる、ということが起こるのです。

同性愛は、極めて深刻な問題です。そうであるかどうか、志願者を養成の最初の段階から十分に識別する必要があります。簡単に諦めてはいけません。わたしたちの社会においては、同性愛は、何か流行《はや》りのもののようにさえ思われていて、そのメンタリティーは、少なからず教会の生活にも影響を与えているのです。

ある司教が憤慨してやって来たことがあります。彼の教区はかなり大きな教区ですが、そこに複数の同性愛司祭がいることが分かり、彼はそれに対処しなければならなくなりました。それで、まず養成の過程に介入し、同性愛ではない司祭を養成しようとしたのです。これが否定できない現実なのです。奉献生活の中にも、そのようなケースは事欠きません。ある修道士が話したことです。彼の修道会の管区の一つを巡察したとき、若い優秀な神学生や、すでに誓願を立てた修道士の中に少なからぬ同性愛者がいると分かり、驚いてしまったそうです。彼はそこにどのような問題があるのか、わたしに尋ねてきました。彼はこう言いました。「わたしにはそれほど大きな問題とは思えません。単なる愛情表現にすぎません」。それは間違っています。同性愛は単なる愛情表現ではありません。奉献生活の中にも、司祭生活の中にも、そのようなタイプの愛情表現のための場所はないのです。ですから教会は、そのような傾向が根づいてしまっている人を、司祭職にも奉献生活にも受け入れないよう忠告しているのです。司祭職、あるいは奉献生活は、彼らにふさわしい場所ではないのです。同性愛の司祭、修道士、修道女は、完全な独身生活を送り、とりわけ、二重生活を送ることによって、修道会の中でも、忠実な聖なる神の民の中でも、決して騒ぎを起こさないよう、完全な責任感をもつよう強く求められています。しかし、二重生活を送るくらいなら、むしろ、司祭職や奉献生活を捨ててしまう方がよほどよいのです。

次に、生涯養成に関してですが、奉献・使徒的生活会省（CIVCSVA）は、すでに誓願を立てた修道士や修道女が、奉献生活や聖職を捨ててしまうというケースに対して不安を感じ

ているように思えます……。どのようにして、生涯養成を保てばよいのでしょうか？　困難かつ危機的状況において、どのようにして召命を育む手助けができるのでしょうか？

教皇　先ほどの四本の柱に話を戻しましょう。祈りの生活、共同の生活、勉学の生活、使徒職の生活です。永続的な養成は、その四つの中で保たれます。しかし、常に寄り添いが必要です。修道士も修道女も、より経験豊富な年長の兄弟姉妹と共に歩まなければなりません。共に歩む仲間が必要なのです。わたしたちは、どのように寄り添い、どのように傾聴するかを知るための、恵みを乞わなければなりません。多くの場合、奉献生活において、修道会管区長らが直面する最も大きな問題の一つは、修道士・修道女が独りきりで、たった独りで歩んでいるのを見ることです。何が起こっているのでしょうか？　誰も寄り添ってはくれないのでしょうか？　要するに、寄り添ってくれる人がいなければ、奉献生活の中では、成長も養成もあり得ないということなのです。

修道士や修道女が、独りで歩むことがないようにしなければなりません。もちろんのこと、それは、いっときのことではありません。修練期から習慣づけるのがよいのです。よい同伴者に出会えなければ、そうでない同伴者に出くわすこともあるでしょう。人はたった独りでは歩むことができないのです。奉献生活者は、このようなタイプの仲間を探し、受け入れなければなりません……引き立て、傾聴することができる人をです。理想的な人物を見つけるのは難しいかもしれません。しかし、相談し、信頼することのできる、ちょっとした「兄（姉）」のような人は、常に存在するものなのです。

対話による歩み

わたしたちの共同体の多くは、さまざまな世代、さまざまな文化をもったメンバーによって作られています……。その多様性を、どうすれば共同体の中で真に豊かなものにできるでしょうか？

教皇　人間のあらゆる集団にいつも現れるある問題を克服した一致の中で生活するのであれ

ば、多様性は豊かなものになります。それはつまり、党派のことです。「自分はアポロ党だ、パウロ党だ、ペトロ派だ……」と。歩むことは対話することです。あるいは、むしろ対話こそが歩みなのです。パウロ六世が、対話について教えてくれています。回勅『教会の使命について（*Ecclesiam Suam*）』の中で、広く深い洞察力をもってその問題を扱っています。対話は、養成によって習得されるある種の技術なのです。優れた養成者ならば、若い奉献生活者が、対話と共同識別の技術を習得できるよう支援しなければなりません。それによって、立場や意見の相違の中で物事を整理し、一致することができるようになります。アルペ師は、わたしたちイエズス会員に、そのことについて何度となく語っています。つまり、共同識別と傾聴という使徒職のことです。傾聴の仕方を知らない神父や修道士、そして修道女がたくさんいます。彼らに尋ねてみたいものです。そばにいる兄弟姉妹に耳を傾ける方法を知らないのならば、目の前にいるわけではない神の声をどのようにして聞くのでしょうか？　傾聴の仕方を知ることは基本なのです。兄弟に対し辛抱強くなければ、どうやって主と向き合うのでしょうか？　主はそうそう姿を現してはくれませんし、長い時間話してくれるわけでもないのです。

聖イグナチオ・ロヨラには、『霊操』の初め、二十二番に、いわゆる「前提条件」と呼ばれるものがあります。そこには、およそこのようなことが書かれています。ある人が、何かよくないこと、あるいは教理に反することを言っているならば、まず何を言いたいのか、なぜそのように言うのかを聞くのです。それで納得できないならば、他の兄弟を探して一緒に尋ねるのです。恐れるには及びません。対話し、傾聴の仕方を知るのです。

人生は、ありのままを受け入れなければなりません。今、福音の証しについて話すために使うことのできるイメージは、司祭であれ、修道士であれ、修道女であれ、先ほど話したゴールキーパーのそれでしょう。サッカーで、ゴールキーパーは、どこからでもペナルティーキックを蹴られます。しかし、相手に向かってこう注文はできません。「そこでシュートを打ってくれ。そこからなら抑えられるから……」。それは無理なことです。人生は、どこからでもペナルティーキックが飛んで来ます。ですから、来るままの現実を受け止め、それから、物事をどう処理するかを見て、解決策を見つけなければなりません。必要なのは対話であり、傾聴、そして識別の仕方を知ることなのです……。

俗化に注意

教皇様は、さまざまな機会に「霊的俗化」について話されています。奉献生活について、いつも警告されてきたことです。奉献生活にとって本当に危険なことなのでしょうか？

教皇　それについては、神学者、アンリ・ドゥ・リュバック[4]が、*Méditation sur l'Église*『教会の黙想』（一九五三年）の最終章で述べています。しかし、実際には彼の言葉ではありません。三十年以上にわたって、イギリスのベネディクト会大修道院の院長だったドイツ人のベネディクト会士、ドン・ヴォニエ[5]から取ったものです。わたしが、聖職者中心主義とともに教会が憂える大きな誘惑の一つと見なすものを、非常にうまく要約した言葉です。二つの誘惑は、教会そのものを閉ざす方向にもっていき、徐々に孤立させ、内向きの教会に変えてしまいます。そうなると、もはや多様で多産な教会としての力を失ってしまうのです。霊的俗化は、奉献生活の中にもある誘惑です。

それはどのような意味においてでしょうか？

教皇　俗化は、わたしたちの背中にもくっついています。それに負けないためには、自分自信の欲望やエゴとの闘いが必要です。それはイエスを愛し考えることから生まれてくるものです。中には、奉献生活者であるのか俗人であるのか、本質的に分かっていない修道士や修道女がいるのです。外的なしるし、服装のことを言っているのではありません。服装は、絶対的なものではなく、それの示すところが真実とは限りません。スータンを着て街行く神父、そして司教の中にさえ、大きな偽善の中で生きている者がいます。それは、要するに、俗化した心をもっているということです。簡素な服装で、祭服を着なくても、イエスへの大きな愛を抱いた司祭もいます。服装のことをひと言で表すのは難しいのです。たしかに、見かけは大事だと思いますが、わたしはそれに固執しません。それぞれのケースを見る必要があるのです。簡素な服を着ているか、あるいは祭服を着ているか、そして、俗化しているか、ということを。

別なエピソードを話させてください。先ほどの、自教区内に複数の同性愛者の司祭がいたという司教ですが、エウロクレロ[6]にシャツを買いに行った時の話もしてくれました。そこで彼は、まだ二十五歳にも満たないぐらいの、若い神父と鉢合わせしたそうです。店内を眺める青年神父に、店員が商品を勧めていました。そして神父はそれを試着しました。大きな銀のメダルが二つ付いたマントを着て、鏡の前に立ち、似合うかどうか見ていました……。まだ若い男の子です。司教は目を疑いました。さらに、「ローマ帽子《サトゥルノ》」を試着する若い神父を見て、司教は、本当に信じられない思いだったそうです。何と言いますか、上から下まで祭服で決めたその子は、上着を羽織ってなくてもイエスを愛している他のどの司祭よりも俗化してしまっているのです。

少し前のことですが、わたしは、イエズス会の養成機関で奉仕をする若い司祭らに言ったことで批判を受けました。かつて、イエズス会士が教皇、あるいは総長に会う時は、スータンと長いマント[7]を身に着けて行ったものです。しかし、現在では、神に感謝ですが、もうそのようなことはしません。礼儀正しく、品のある服装であれば十分であるとわたしは考えます。シンプルな司祭服《クラージマン》でいいのです。教皇に会うのに、マントを羽織ってやって来る必要はありません。そのような慣習を過度に守るほどに、俗化してしまっている司祭もいるのです。

聖職者中心主義は、時には、そのような俗化の形で現れることもあるのです。

俗化は、基準の問題です。「行動」「生活」「観想」、いずれの基準においても、主よりも、世の中に属すということです。要するに、俗化した基準によって物事を評価するということです。さらに言えば、俗化は、よい顔の下に隠れていることもあります。ただし……気をつけてください！　たしかにイエスは、私たちに、世の中のことに関わるよう求めているのです。ドゥ・リュバックは、この霊的俗化を、根本的に、人間中心主義による態度と言っています。他の俗化とは違ったもののようにも見えますが、実際には、主の栄光を求める代わりに、人間の栄光を求めているのです。最後の晩餐《ばんさん》でのイエスの祈りを思い出してください。「彼らを世の中から取り去るのではなく、世の中の霊から彼らを守ってください……」。[8] イエスに基準を置くのではなく、世の中に基準を置くのは、全て奉献生活の意味するところに反するのです。

共同体生活

共同体生活が、若い人たちにとって、魅力の象徴であり続けることができると思われますか？

教皇　きっとそうだと思います。しかし、それは兄弟姉妹としての生活が本物であればの話です。偽善的にそれを生きるのならば、無理なことです。そうなってしまえば、象徴は象徴でも、負の象徴となってしまいます。共同体の中で、決して偽善的な生活に陥らないようにしましょう。

例として思い浮かぶのは、シスター・ジュヌビエーブです。彼女は、間もなく奉献生活五十年を迎える、イエスの小さい姉妹の友愛会のシスターです。四十七年間もキャンピングカーに住んでいて、今はローマ郊外、オスティアのルナ・パークで、他の二人のシスターと生活を共にしています。三人のイエスの小さい姉妹の友愛会のシスターが、貧しい人たちの中で生活する共同体なのです。

彼女らは、そこで生活しています。彼女らは折を見てはキャンピングカーを改造し、寝室、キッチン、そして聖体を安置した小さなお聖堂《みどう》を造りました……。ないものはありません。みんなが彼女とその共同体を愛しています。シスターたちの邪魔をしない！　旅芸人、ロマ、見世物芸人たちが彼女らを慕っているのです。そのような共同体での生活は、まさしく証しです。彼女らが熱意と喜びをもって奉献生活者としての召命を生き、福者シャルル・ド・フーコーの人生から霊感を受けたそのような修道会は、共同体の中で生きる喜びを伝播《でんぱ》する力を疑いようもなく秘めているのです。一例を挙げましたが、他にも同じような話はたくさんあります。

教皇様は、これまで何度か、不平不満を言うことに対し、それが共同体生活においては明確な「テロ行為」であると話されました。どうすれば、兄弟愛をよりよく生きることができるでしょうか？

教皇　口をつぐむ、ということが非常に大切だと思っています。わたしにとってそれは、厳格な教えであり、共同体生活にとっては、もっとも実りをもたらすものの一つだと思います。兄弟姉妹を悪く言う前に、口を閉じなさいということです。もし、兄弟に直してほしいこと、あるいは納得できないことがあるならば、行って言うべきです。もし言えないのならば、対策を講じられる長上などの監督者に慎重に伝えるのです。他の誰にでもありません。いずれにしても、兄弟姉妹に対して不平不満を漏らさないことです。

長上の役割

長上についてです。彼らの役割は、今日、変わったとお思いですか？

教皇　ええ、変わったと思います。しかも良い方向に。今日まで、長上の役割は確実に見直されてきました。わたしは、そう信じています。彼らは、以前よりずっと傾聴し、識別できるようになっています。

もう一つお話ししましょう。これは本当の話です。何年も前になりますが、何かの折にある修道士から聞いた話です。わたしの言いたいことが、いくらか分かるのではないかと思います。その若い修道士には、病気の母親がいました。非常に悪い状態でした。修道院に巡察があり、修道士は管区長に、母親のそばにできるだけいられるよう、母親の暮らす町の修道院への異動を願い出ました。母親には、何カ月も残されていないことは明らかでした。近くにいればいつでも母親を訪ねることができます。できることを手伝うことで、家族の負担も少しは減るはずです。

　管区長は彼と会い、話を聞きました。そしてこう言いました。「分かりました。少し考えさせてください。どうするのがよいか、考えてみます」。修道士はとても不安でした。彼はまだ司祭ではありませんでした。勉強の途中だったのです。その晩彼は、夕食の後、聖堂で祈りました。管区長は、翌朝早く発つことになっていました。修道士が部屋に戻ったのは、すでに遅い時間でした。長い時間祈っていたのでしょう。部屋の扉のところに、管区長からの手紙がありました。管区長は、帰り際、出発する前に、何か変更すべき点などがあれば修道院長に手紙でしたためるか、口頭で伝えるのが常でした。修道院長[9]の仕事は、管区長の手紙やメッセージを配ることでした。今では、そのようなことは行われません。現在は、もっと話し合います。若い修道士の部屋の扉に置かれた手紙には、翌日の日付とともに、おおよそ次のようなことが記されていました。「昨日あなたが言われたことを、よく理解しました。ミサの司式を終えて、聖櫃の前で長いこと祈り考えた結果、あなたはここに残るのがよいだろうという結論に至りました」。

なんという偽善でしょう！　手紙は、修道士と話した後、すぐに書かれていたのです。無責任にも、何の判断もなく書かれていたのです。手紙の内容は、真っ赤なうそでした。修道院長は、全員がすでに寝ていて、手紙を翌朝読むであろうと思って部屋の前に置いたのです。しかし……何たるうそ八百！　許されないことです。若い修道士は、それにもかかわらず、耐えました。しかし、彼を再び立ち上がらせ、前に進ませるのは非常に厳しかったことをわたしは知っています。

現在では、そのようなことが起こらないのを神に感謝します。奉献生活者は、より対等に、より兄弟のように、より健全な形で長上と関わります。長上が、今の話のような偽善の二枚舌を使えば、何事もうまくいくはずがありません。そのような偽善は、決して受け入れられません。間違いなく、わたしたちは良くなっているのです。長上と服従の意味合いは変わり、見直されたのです。

優れた長上が今日もつべき徳を、三つほど挙げていただけますか？

教皇　徳というよりは、態度について話しましょう。それならば、この三つになります。「祈る」「兄弟を愛する」そして「傾聴する」です。とりわけ、兄弟姉妹を案じることです。それがなければ、意味がありません。一方、職務上の権威をもって共同体に奉仕する長上は、祈りの生活を送る人、そして信心深さを備えた人でなくてはなりません。その信心深さが、共同体の中でも兄弟姉妹の中でも、修道家族、カリスマ、修道会の伝統に対する、子としての所属感を強めます。つまりは教会への所属感です。長上が、自分もまた、子であることを忘れてしまえば、父にも母にも、友にも、兄弟姉妹にもなれません。子でない者は、父親にはなれないのです。（女性ならば母親に）。

喜びをもって清貧を生きる

奉献生活の清貧についてですが、今日、それは特にどこに見られるべきでしょうか？

教皇　全てのことの中にです。清貧は、奉献生活にとって、何といっても鍵なのです。あらゆることの中に見られなければなりません。人々は気づくのです。この神父は清貧な人だ、あのシスターは高潔な人だ、と。不必要な物を持たず、贅沢に生きないことです。以前、聖イグナチオが、清貧は母だと言ったと話しましたが、それは、清貧が、母として、わたしたちを霊的生活に産み落とすという意味です。全くそのとおりです。清貧は、わたしたちを産み、主から求められている唯一の豊かさを見いださせようとします。その豊かさとは、人は奉仕するために生きるということです。それが共同体生活における真の豊かさであって、福音的な豊かさなのです。財産はたしかに必要ですが、清貧は、より主に近づいて生きることができるよう後押ししてくれます。逃げ道を求めようとする誘惑は常に存在します。しかし……清貧の、ある種のイデオロギー化に陥らないよう注意することも必要です。度々話題になることがあっても、実際にはそのようには生活されていないという清貧があるのです。それらは理論だけのものであって、わたしたちの基準や行動とは相いれないものです。わたしたちは、清く貧しく生きなければなりません。そして、喜びをもって生きなければならないのです。喜びをもって清貧を生き、それを心から歓迎するのです。

お気づきと思いますが、貧しい人たちには、貧しさを心から歓迎する力があります。彼らは、非常に厳しい貧しさの中にあっても喜びを失いません。それが、わたしの心を揺さぶります。わたしたちは、そのような清貧を生きるべきだと思います。自然に、素朴に、人生において心ならずもそうなってしまった人々を、真心をもって案じるのです。清貧とは、兄弟姉妹と関わり、奉仕することを意味します。簡素な生活をし、不自然な要求なしに、神の被造物と一致しながら、何万という人々が世の中には生きている、というよりは、実際には必要なのに、それよりも少ないもので生き抜いている人たちが何万人もいる、というはっきりとした意識をもつことなのです。

奉献生活における多産性

教皇様が何度か触れられている奉献生活の多産性の問題について、少し詳しくお話しいただけますか？

教皇　聖母、教会、魂に関するステラのイサクの見解に戻ります。そのラインについて言えるのは、奉献生活は女性的側面の中で多産であるということです。教会が女性的であるように（教会は女性名詞 la Iglesia）、奉献生活も女性的な側面で多産なのです。奉献生活は女性的なのです。わたしはいつも、修道女らに、自身の責任とは別に二重の責任があると言っています。それは教会の似姿としての責任と、マリアの似姿としての責任なのです。奉献生活は、教会の女性的なラインの上にあります。ですので、教会、マリア、魂について言えることは、奉献生活についても言えるわけです。

わたしは、奉献生活の多産性についての問題をそのように理解しています。女性が、教会における地位や身分の問題をぶつけてくる時、たいていは女性にもあれやこれやの地位や役目が与えられなければならないということについて主張しています……。おそらく、そのことについても、わたしたちは前進していかねばなりません。しかし、職務の進展だけでは、問題は解決しないでしょう。教会における女性の問題、そして女性の奉献生活の問題は、女性らしさの進展、マリアであることとの進展によって解決されるのです。

バルタサル神父[10]は、わたしたちに二つの原則について語ってくれています。それは、ペトロ的原則とマリア的原則です。教会は女性です。教会は花嫁です。それは、聖書にはっきりと記されています。奉献生活は、この婚姻の無償性の中にしっかりと入りこむのです。男性の奉献生活者もまた、方法は違っても、そのように生きなければなりません。問題は、行動の中よりは、忠実であることの中にあるのです。夫である主に忠実であるということです。忠実さは、奉献生活において極めて価値が高い大原則なのです。キリスト者であるならば、忠実であらねばなりません。教区司祭もそうですが、奉献生活にとって、忠実さは重要な鍵なのです。

繰り返します。わたしたちは忠実でなければなりません。奉献生活は、何とかして、特別な方法でその忠実さを示す必要があります。それは、明らかに奉献生活が、純粋な婚姻的性格をもっているからなのです。

［いつの間にか三時間のインタビューになっていました。わたしたちは、トイレに行ったり、のどを潤したりするために少し休憩を取りました。教皇は、毎日二リットルの水を飲んでいるとおっしゃっていました。常温の水だそうです。肺の問題が出てから、冷たい水を飲むことはされなくなったそうです。健康について尋ねると、大変良好で、年齢よりも若い状態だということでした。たしかにそのように見えます。長時間座って話をして、わたしはまだ五十歳に届かない年齢なのに、八十歳を超えている教皇より疲れているように感じていました］。

【注】

1　アキリノ・ボコス・メリノはクラレチアン宣教会の元総長でウルシ大司教。二〇一八年六月二十八日の枢機卿会議で、フランシスコにより枢機卿に任命される。

2　一九九二年、サルバドール出版刊。

3　ヘルマン・ロールシャッハ（一八八四–一九二二）によって考案された投影法心理検査。あいまいで構造が不完全なインクの染みが描かれた一連のカードによるテスト。

4　【訳注】アンリ・ドゥ・リュバック（一八九六–一九九一）。フランス出身のイエズス会士、枢機卿。

5　ドン・アンスカール・ヴォニエ（一八七五年、ドイツ／ビーベラッハ）は、一九〇六年から帰天する一九三八年までバックファスト大修道院（イギリス／デヴォン）の修道院長を務めた。

6　バチカンのサン・ピエトロ広場にある祭服と祭具の専門店。

7　聖職者が用いた、スータンの上に着る襟付きの長い外套。

8　【訳注】ヨハネによる福音書十七章十五節、「わたしがお願いするのは、彼らを世から取り去ることではなく、悪い者から守ってくださることです」のこと。

9　「修道院長 Ministro」は、この場合、管区長不在時に代理で職を務める人。

10　【訳注】ハンス・ウルス・フォン・バルタサル（一九〇五–一九八八）。スイス出身の司祭。カール・ラーナーやアンリ・ドゥ・リュバックと並んで、二十世紀で最も重要な神学者とされる。

第三章　希望をもって未来に向かう

わたしに従って歩み、全き者となりなさい

貧しい人々のための選択（メデジン司教会議）、福音化のための選択、普遍的な兄弟愛のための選択（二〇〇二年のアッシジでの諸宗教代表者の集い……）など、教会の取ったさまざまな選択によって、公会議後の時代はいくつかに分けられ特徴づけられたとも言えます。わたしたちが今日、教会の中で特に意識しなければならない選択はどれなのでしょうか？　また、奉献生活は、それらにどのような貢献ができるのでしょうか？

教皇　どの選択であるかは、今はあえて明言を避けます。最もシンプルな答えは、わたしの

使途的勧告『喜びに喜べ』の中にあると思います。創世記で主がアブラハムに言われた言葉、「わたしに従って歩み、全き者となりなさい」[1]を挙げました。それは、神に従って歩むということ、神が導くところへ向かって歩んでいると感じること、そして、神の約束に導かれるということです。現在の教会における、あらゆる選択の基本とならなければならないことです。神に命じられることを行いながら、神と共に歩む。常に歩み、進んで行くのです。

わたしが強く言っておきたいのは、今日の奉献生活にとって、それが要《かなめ》となる選択であるということです。奉献生活が歩んで行かなければ、もはやこれまでです。神に従って歩まなければ、奉献生活はおしまいなのです。歩んだとしても、完全であることを求めず、「全きもの」でないのなら、奉献生活は終了となってしまいます。要となる選択がまずあって、その後でさまざまな選択がなされるのです。それらの中には、もちろんのこと貧しい人たちのための選択があります。彼らは福音の中心です。誰一人として、福音から除外されません。そのことがおろそかにされているようであったため、声を大きくしなければならない時代もありました。しかし、現在では、貧しい人たちのための選択に疑問をはさむ人はいないでしょう。奉献生活のあらゆる選択の基本として、この言葉があるとわたしは思っています。「わたしに従って歩み、全き者となりなさい」。

未来へ通う

現在、多くの修道会や宣教会が、最善の再編成、再構築について考え、決定を下していま す。最近では、変革のプロセスについても議論されています。今日、そのような変化に対処す るとき、どこに重点を置くべきでしょうか？　的確な変革のプロセスを確立するためには、 どのような立場から物事を見るべきなのでしょうか？

教皇　常に必要とされるのは、花婿を待つ教会の立場からの見方です。母なる教会とその構成員であるわたしたちは、こう言って主の到来を待ちます。「主イエスよ、来てください」。主の到来は、全てに新しさをもたらします。わたしたちは、主が再び戻って来られるという希望をもって物事を見なければなりません。

わたしたちは、そのような点を少しなおざりにしてしまったかもしれません。奉献生活においても、終末論的な見方が大切です。「まるで……しかしまだです」ということをビジョンとしてもつのです。そのような立場から物事を見ながら、わたしたちは生きていくのです。つまり、時のしるしを識別し、期待をもって生きるということです。イエスが福音書の中で、時のしるしを読むことができない人々をどのように叱っていたのかを思い出してください。「あなたがたは時のしるしを見ることができない。いちじくの木が枝葉を生やし始めれば、あなたがたはこう言うはずである。『春がやって来る』……。しかし、あなたがたは時のしるしは見ることができないのか」。[2] イエスはそうおっしゃっていました。

わたしたちは、そのような終末論的な立場から物事を見て、わたしたちを待ってくださるイエスに、「主イエスよ、来てください」と繰り返しながら、欠かすことのできない識別を働かせ歩んで行かなければなりません。

それらのプロセスの中では、何が優先されるべきでしょうか？

教皇　お話ししたような終末論的ビジョンからですと、優先されるのは間違いなく宣教です。宣教という使命とうまく結びついていない奉献生活が、方向性を失ってしまうのは当然のことです。主に従うという方向に向かって歩ませるのが宣教なのです。それが基本的なビジョンです。自分自身に問いかけてみましょう。誰が自分にこの使命を与えたのか？　誰が自分のカリスマと、この使命を果たす態度を後押しするのか？　誰からこの使命を受けたのか？　そこが大切なところなのです。

宣教では、常に広い視野をもって物事を見なければなりません。組織についてはそれほど問題ではありません。大切なのは、修道会での再編成や刷新を導く精神性です。クラレチアン宣教会の会員であるボコス枢機卿には、たぶん、アントニオ・タブッキから取ったものだと思いますが、わたしがとりわけ好きな言葉があります。それを、彼の本のスペイン語版[3]で目にしました。彼はそこで、「未来へ通う」ことについて述べています。未来へ通うとは、絶えず期待をもって、歴史の中に到来しつつあることの中に入っていくことを意味します。わたしは、この表現が大好きです。それはまさしくこのようなことでもあります。ただ現在に捉われているのではなく、未来に首を突っ込むこと。もちろん、現在を分析し、それについて識別力を働かせなければなりませんが、記憶を失わずに、未来へとまめに通わなければならないのです。

もう一度、記憶の重要性についてということですね……。

教皇　そのとおりです。記憶とルーツのテーマが重要なのです。わたしが強く言っておきたいことです。概して、社会の中でもそうですが、とりわけ、奉献生活を語る上で重要かつ緊急なテーマであると思われます。今日において、なくてはならないのが異世代間の対話です。それは、正しい視点をもつために必要なことです。なぜならば、ルーツに触れず、高齢者と話すことがなければ、未来に向かうことができないからです。これは鍵となる重要な問題です。たしか、世界奉献生活の日の最後の説教でそのことを話した覚えがあります。記憶がなければ、真の預言はありえません。若い世代と高齢者との対話は大事なのです。それは、老人ホームに高齢者たちを押し込めてしまってはできないことです。あるいは、そうするしか他に方法がない場合もあるかもしれません。しかし、わたしはこう言います。「よろしい。

しかし、お世話のできる若者を一人送ってください」。わたしの考えでは、理想は、共同体の中に高齢の奉献生活者がいることです。彼らが心が広く、自分中心でなく、自分の傷や痛みだけを考える人でないのであれば、対話が促進され、それが無限の豊かさの源泉となるのです。

聖書では、預言者ヨエルがこのように言って現れます。「老人は夢を見、若者は預言する」。[4] 福祉施設のような所へ高齢者を閉じ込めてしまうのならば、夢を見るという彼らの力をも一緒に閉じ込めてしまうことになります。その結果、何も受け取れない若者たちは、預言することができなくなってしまうのです。若い人が高齢者と共に歩むのならば、――それは、どの修道会でも見られるはずですが――高齢者は気持ちを高ぶらせ、生気を取り戻し、夢を見、心おきなく話してくれるのです。そして若者は、予想外のものに出会い、受け取ったものを未来に向けて再生するのです。高齢者が生きてきた歴史は、木々に花を咲かせる根っこなのです。

今、奉献生活にはそれが必要だと思います。現代の文化は、このルーツとの対話を回復させる必要があります。わたしたちはおそらく、極めて「液状化した」社会に生きていて、その中で若い世代の人たちは、ルーツを失いつつあるのです。若者が根無し草になってしまうことを懸念しているとわたしが語ったのは、一度や二度ではありません。先ごろ亡くなった社会学者、ジグムント・バウマンは、最後の本 *Nati Liquidi*（リキッド・ボーン）――イタリア語版がまず出ましたが――その中で、今日のわたしたちの液状化した文化について多くを語っています。ドイツ語版は *Entwurzelten*（「根がない」または「根がそがれた」の意味）というタイトルで出されています。現代の若者は、この液状化した社会によって、根をそがれてしまっています。わたしたちは、ルーツを取り戻し、それを失わないために、新たに首を突っ込み、異世代間の対話に入りこんでいかなければならないのです。それが、必要なのです。わたしたちは、行動をもって対話を回復させなければなりません。非常に大切なことです。若い人たちには、高齢者と話すよう言うのです。老人の夢と、若者の預言を育むためにです。そうすることで預言は根づきます。液状化する、つまり根拠がなく何の役にも立たない、ということがなくなるのです。まだ、今なら間に合うはずです。

司牧者とともに識別する

これまで述べられてきたようなプロセスを踏もうにも、修道会がその地の教会と司牧者をほとんど考慮しないと不満を漏らす司教もいます。奉献生活者は、総会を行い（時には、修道会管区が複数の教区をまたぐこともあります）、会をどう組織していくかを決めます。その後で、司教には、共同体を廃止することや、新しい計画を行うことを知らせます。固有のカリスマをもつ修道会は、世界や地方教会が必要としているものとどのように関わっていけばよいのでしょうか？

教皇　明らかなのは、奉献生活は、総会の中で、その生活と使命について識別していかなければならないということです。しかし、識別は空論ではなく、具体的なことについて行われるべきものです。もし、総会の中で、共同体に関すること、または使徒職に関することを決定しなければならないのならば、あらゆる根拠や変易を考慮して、真剣に識別しなければなりません。しかし、識別はわたしたちだけですべきではないのです。その地の司牧者らと話をし、彼らをあらゆる識別の場に加え入れるべきです。彼らを排除してはいけません。

奉献生活のいくつかの問題に対する機能の独自性を、よく理解すべきです。常に、教会全体の善益の範囲の中で理解するのです。わたしたちは、識別力を働かせ、司牧者らをプロセスに参加させなければなりません。司牧者に識別力のない場合があることは事実です。奉献生活者がそれを識別できない場合もあります。そのようなときは、できることをすべきと思いますが、その地の司牧者らは、識別する能力とは無関係に、使徒職の選択や教区内における奉献生活者の将来のための選択のプロセスに参加しなければなりません。とりわけ、深刻で重要な変化に対処する場合においては、そうでなければならないのです。

その地の司牧者は、常にプロセスに参加する必要があります。次のような通知を持って司教のところへ行ってはいけません。「来年わたしたちは出て行きますので、ご注意ください」。いったい何の権利があってのことでしょうか？　「わたしたちは教区を去りますが、学校は残ります」。何の権利があってそれをするつもりなのでしょうか？　司牧者らと共に識別しても、最終的に満足な同意が得られないこともあるかもしれません。しかし、彼らを、決して識別から排除すべきではないのです。

異邦人への正しい宣教

お言葉の端々から、教皇様が宣教師らについて特別に深い思いをもたれていることを感じます。彼らは、世界のあらゆる所で、教会の先陣隊であり続けています。彼らに、どのような言葉をかけられますか？　異邦人への宣教は今でも重要なのでしょうか？

教皇　そうですね。今日では、宣教についてとなれば、異邦人への宣教よりも、もっと大きな意味内容のことを話すことになります。しかし、異邦人への宣教は今でも非常に重要です。とはいえ、それは、奉献生活とその共同体がその地の文化に根を下ろす限りにおいてのことです。「王様」のようになって、他者に規範や生き方を指図し、彼らがそれを受け入れ従うべきと信じこんでいるならば、重要性を失います。最初に話した、中央アフリカ共和国の八十四歳になる助産師の修道女に話を戻します。そこには、インカルチュレーションの一つの確かな例が見られます。彼女はブレーシャ生まれのイタリア人修道女で、二十二、三歳の頃からずっとアフリカに住んでいます。彼女は、その地の文化に根を下ろして生活しているのです。

修道会は、自身の一部を少しでも放棄することなくしては、他の国々へ行くことができません。あえてその地の文化に根を下ろそうとしなければ、福音宣教のためにも人々のためにもなることはないでしょう。

ドイツで創立された、ある女子修道会のことを思い出します。その修道会がブエノスアイレスにやって来たとき、シスターたちの間ではドイツ語が使われていました。修道会に入った人たちは誰でもドイツ語を学ばねばなりませんでした。わたしはこう思っていました。「お願いですから……、ブエノスアイレスにいることに気づいてください。ポルテーニョ[5]ができるようになってください」。それでわたしは、彼女らにポルテーニョを話すよう勧めたのです。入会する人は、もちろんのこと、後々ドイツ語も話さなければなりませんが、まずは「神が命ずる」言葉を話さなければならないということです（笑）。大切なのは、自分自身で文化に根を下ろし、文化を自分のものとして身に付けることです。文化を無視しては、宣教は成り立ちません。そのことは、プエブラ文書に明確に記されています。この文書には、はっきりとした現実性と今日性があります。パウロ六世の使途的勧告『福音宣教（*Evangelii Nuntiandi*）』と並ぶ、公会議後の最も重要な司牧文書です。異邦人への宣教も重要であり続けますが、健全なインカルチュレーションを見失ってはいけません。それぞれの文化に最大限の敬意を払い、改宗を求めることなく、福音を入りこませなければならないことを決して忘れてはいけないのです。真の福音宣教は、証しの道を歩むのです。わたしは、もう何度も言ってきました。引きつけるのはよいが、強引な改宗活動はいけないということを。

共同宣教

修道会においては、共同宣教《シェアード・ミッション》が話題になることが多くなっています。つまり、同じ方向性をもった一般の信徒と共に、修道家族として仕事をするということについてです。高齢化や直面している困難を考えると、それは「開き直り」のようなものだと言う人もいます。それについてはどうお考えでしょうか？

教皇　そうかもしれませんが、わたしは良い歩みだと信じています。うまくいっている例もあるのです。先ほどラ・サール会[6]のブラザーたちの話をしました。彼らは、カリスマ、霊性、そして宣教について、信徒をよく養成しています。

　彼らの事業について語るとき、わたしが言いたいのは、彼らの活動力のすばらしさを示す明確なしるしは、そこで行われている仕事の中に、責任感のある一般信徒を引き入れることができているという事実だと思います。さまざまな修道会や奉献生活者と共に活動する一般信徒を励まし、養成しなければならないことは当然ですが、彼らを、重要な事業や機関に招くこともしなければなりません。霊的指導《パストラルケア》によって信徒らを養成し、教会への明確な帰属意識をもつところまで到達させなければなりません。そのようなカリスマ的な帰属感を引き起こすことのできる機関や事業を作り上げなければならないのです。

　しかしながら、それは、教会にとって特段新しい問題ではありません。歴史の中では、フランシスコ会やドミニコ会には第三会（在俗会）もあります……。リマの聖ローザは、ドミニコ会在俗会の信徒でした。

教育の開拓

奉献生活者が特に求められている国境や周縁に関して、教皇様は度々、学校や大学の世界において教育を開拓していくことの重要性を強調されています。この問題について、少し掘り下げてお話しいただけますか？

教皇　それは十分に明白なことと思われます。無知を教育し開拓していくことが重要だとは思いませんか？　無知は悪魔の王国です。わたしはそう思って疑いません。悪魔は、常に闇の中で動いています。無知のあるところには光も輝きもなく、闇が広がります。そこに光を投じ教育することで、人々の中に善を育ませ、悪魔を追い出すことができるのです。わたしは、悪魔は間違いなく存在すると思います。存在を信じるだけでなく、活発に活動しているのを感じます。無知のあるところでは、悪魔はより居心地のよさを感じているに違いありません。そうしてわたしたちが真実の光から離れてしまうと、欺き、無知の中で動き出すのです。ですので、わたしは、経験に基づく文化と教育の開拓が非常に重要であると感じています。それらは、とりわけ善と悪との闘いという終末論的な意味合いで考えなければならないことです。なぜならば、教育とは、常に勝つことを意味するからです。真・善・美は神からのものです。そこでの勝利は、神のための勝利なのです。教育を受けておらず、真・善・美の能力を高めることのできない人は、悪魔のために取り残されるようなものです。

　それらの能力を別なものでまかなってしまおうと言う人もいます。倫理至上主義《エキシズム》による善（善のない倫理至上主義）、「決疑主義《カズィティズム》（決疑論）」による真理、人工的装飾による美……などがそれです。闘わなければ、悪霊がわたしたちを迷わせるためにそれらを用いるようになるのです。

　それゆえ、教育は勝利するための要素を与えることを意味します。しかしそれには、教育が正しく理解され行われなければなりません。教育は、子どもたちの頭の中を概念で満たすようなことで成り立っているわけではないのです。そのような教育は何の役にも立ちません。本当の教育は、知・徳・体のバランスが取れた力を育むものです。

　つまり、よく考え、よく感じ、よく働くことを教えるのが教育なのです。これらは一そろいであり、その中で人は感じ行うことを考え、考え行うことを感じ、感じ考えることを行うのです。それらは秩序正しく一そろいとなっているのです。それが教育なのです。

［教皇は、まるで早口言葉のように話されました。驚くべき頭脳明晰さと、重要なことを分かりやすく説明するという並外れた能力を示されました。出来事がよく理解できるよう、常にイメージ、例、物語を交えて話されます……。

わたしはフランシスコに、アルゼンチン人は、生来ユーモア好きで頭の回転が早く、それによってあらゆる世界的な広告賞を総なめにしているのではないかと言ってみました。すると教皇は、それは移民の所産だろうと答えられました。それが、アルゼンチン人をそのようにならしめたのではないかということです。そして次のような、アルゼンチン人についてのジョークを話されました。「世界で最もお得な取り引きは、アルゼンチン人を相場の値で買い、本人が言う高値で売ることだ」。[7] わたしたちは笑い、しばし語らいました。わたしは、インタビューが最終段階を迎えていることを教皇に告げました］。

奉仕はよいが、使われてはならない

奉献生活者の七五パーセント以上が女性です。女性は、教会の中で、ますます重要な位置を占めるようになってきています。しかし、彼女らには、まだ果たすべき役割が残されているように思います。奉献生活と関連して、何が言えるでしょうか?

教皇　そのことについては、これまで何度か言ってきました。修道女は、男子修道者と同様、奉仕するために召し出されています。奉仕するのが、わたしたちなのです。まさに奉仕です。しかし、残念なことに、共通の思い込みとして、修道女たちは不当にも一段下のレベルにいると考えられ、時には使用人のように扱われてきました。たとえば、仕事を必要とする女性が他にもたくさんいるのに、修道女らに身の回りの世話をさせている神父がいるのを見るのは――たとえ支払われるべきものが支払われるとしても――わたしには気持ちがいいものではありません。彼らにはこう言いたいです。「シスターたちに、自分のカリスマに従って修道院での仕事に戻るように言いなさい。そして、家事のできる他の人に仕事を与えなさい」。要するに、おそらくこれは、わたしたちが（頭を指さして）ここの内側にもっている、ある種の「君主主義《プリンスイズム》」のメンタリティーの残骸なのだと思います。そのメンタリティーは正しいものではありません。修道女たちを本来の彼女らとは違う個人的な使用人のように扱うのならば、それは彼女らのもつ召命とカリスマを否定していることになります。

わたしは思うのです。世界はもちろん教会においても、わたしたちは、常に女性の尊厳を最大限に認める方向に向かって歩まねばならないと。平等に歩んで行くのは良いことです。とは言っても、男性的なスタイルを身に付けている修道女には、まったく納得できません。平等であるために、女性であることをやめる必要はないのです。

ラウダート・シ

最後の質問です。『ラウダート・シ』によって教皇様は、わたしたちにエコロジカルな回心

を呼びかけられました。その点に関しては、たぶん奉献生活が浅い若い人ほど敏感なはずです。エコロジカルな回心が、奉献生活に与える影響についてお話しいただけますか？

教皇　ご存じのように、『ラウダート・シ』は、聖フランシスコの（太陽の）賛歌の冒頭の言葉です。エコロジーの問題は、彼、聖フランシスコとともにすでに始まっていたと言ってよいでしょう。それは、それぞれの被造物に、与えられるべきものを与えなければならないという、福音的・エコロジカルな立場からの問題なのです。もし、奉献生活者としてのわたしたちが、あらゆる被造物との兄弟関係という側面を失ってしまったら、社会的・政治的な意味でブルジョワ化してしまうのです。つまり、普遍的な兄弟愛から程遠い、特権階級になり得るということです。ですから、『ラウダート・シ』の中で、貧しい人たちは非常に重要です。『ラウダート・シ』については、環境保護の回勅と言われますが、わたしは、まず何よりも、社会問題の回勅であると言いたいのです。

貧しい人たちのための本当の選択は、被造物のための選択でもあります。被造物を守るということは、つまるところ、全てが新しくされると自覚することです。そのことを強く意識するようわたしたちは求められています。それは、聖書の中で約束されていることです。黙示録で、主はわたしたちにこう言われます。「見よ！　わたしは万物を新しくする」。[8]主はやって来て、全てを新しくされます。それが罪の贖《あがな》いなのです。典礼の中でもこう言われます。「神は創造することにおいてすばらしいが、創り直し、罪を贖うことにおいてはさらにすばらしい」。創り直された世界には、完全な贖いがあるのです。わたしたちは、そのことに忠実に従い、世界を破壊に導かないよう呼ばれています。聖フランシスコ自身が（いわゆる聖フランシスコの清貧運動）、それら全てのことに関して多くの意識を引き起こしたのです。わたしたちは、その意識を取り戻さねばなりません。エコロジカルな養成が鍵であり、それは、全ての被造物と一致して、奉献生活の中で清貧を考えて生きる方法に、明らかに影響を与えるものとわたしは思っています。

長時間のインタビューを終えるにあたって、教皇のお立場から、特にもう一度話しておきたい問題点などはおありでしょうか？

教皇　これぐらいにしておきましょう。全てを分かち合うことができて良かったと思います。質問と長い対談に感謝します。どのようにしてこのカオス的状況をまとめ上げるのかは分かりませんが、後はお任せします。この対談を読むであろう奉献生活者には、喜びをもって召命を生きるように、とだけ言っておきたいです。そこには、召命の力があります。それからもう一つ、わたしのために祈ることをどうか忘れないでほしいです。わたしにはそれが必要なのです。

＊＊＊

ボイスレコーダーのスイッチを切り、対談の中で語られたことをどのように書き起こして出版するかについて、教皇の同意を得ました。わたしたちは、およそ四時間話していましたが、フランシスコは、まだ話を続けたそうな様子でした。もちろん、それはもう他の話題です。アルゼンチン人についての別なジョークを話してくださいました。そしてわたしに、彼の友人で、ブエノスアイレスの「太っちょ《エル・ゴルド》」、ことラサバル神父への特別な挨拶を託されました。他にもいろいろな話が出ました。よくご存じの方や共通の友人の話題など……、とりわけ驚いたのは、教皇がスペインの教会について、かなりの知識をもっているということでした。細かいところまでよくご存じなのです。「ここに届くのを、定期的に読んでいますよ」と言われる雑誌、『ビダ・ヌエバ（*Vida Nueva*）』で読んでいる以上のことを知っているのは明らかでした。話し終える頃、フランシスコはわたしに何冊かの本を手渡し、さらに手提げ袋を近づけられました。「この〝ガラクタ〟も持ってお帰りなさい。みんなに配るといい」。聖人のご絵やロザリオは、間違いなく友人たちに喜ばれるはずです。それから、友人たちのためにに本にサインをお願いすると、気軽に応じてくださいました。

立ち上がると、教皇は再びわたしの上着を取ってくださいました。そのようなフランシスコの何気ない気遣いと態度に心を打たれました。部屋の入り口の所でわたしを待ってくれていたスイス衛兵のウルス広報担当官が、笑顔あふれる写真を撮り、わたしたちの対談を永遠のものとして残してくれました。私は、ご厚意に甘えて貴重な時間をだいぶ奪ってしまったことを感じましたが、教皇は長い対談で当然お疲れであるにもかかわらず、うれしそうで、満足げに見えました。

教皇は、エレベーターの前までわたしを送ってくださいました。そして、ボコス枢機卿によろしく伝えてほしいと言って、わたしを見送られました。わたしは教皇の手を取り、互いに挨拶を交わし、その月の終わりに控えているダブリンへの司牧訪問が実りあるものになりますように、と言いました。教皇は、短くこう言われました。「また会いましょう。それが神のご意志ならば。いつもわたしのために祈ってください」。

＊　＊　＊

聖マルタの家を出てみると、暑さもすでに和らいでいでいました。日が沈みかけていました。教皇との対談は、実にすばらしいものになりました。心には、さまざまな感情が湧き上がっていました。対談の間、わたしは、非凡かつシンプル、そして神をこよなく愛し、同時に現実的である人を見ることができました。わたしと同じ奉献生活者であり、他の多くの人々と同じように、その方法でイエスに従い、教会に尽くし、兄弟姉妹に奉仕されている方です。高齢でありながらも、とても若々しく、いつでもどこでも、福音に動かされている方なのです。彼の言葉には真実、知性、そして情熱があります。教皇フランシスコは、心底イエスに惚れ込んでいる人なのです。皆さんが思われているとおりの方なのです。

「運命の女神は勇者にほほ笑む」。

（ヴェルギリウス）

【注】

1　創世記十七章一節。
2　マタイによる福音書十六章三節参照。
3　A・ボコス『聖霊の物語　公会議後の奉献生活』。（二〇一八年、クラレチアン会出版、マドリード）
4　ヨエル書三章一節参照。

5　ポルテーニョはブエノスアイレスのこと。転じてブエノスアイレスの市民、言葉を意味する。
6　ジャン・バティスト・ド・ラ・サールによって創設された教育修道会。
7　El mejor negocio del mundo es comprar un argentino por lo que vale y venderlo por lo que dice que vale.
8　ヨハネの黙示録二十一章五節。

教皇《きょうこう》フランシスコに聞《き》く
召 命《しょうめい》の力《ちから》――今日《こんにち》の奉献生活《ほうけんせいかつ》

インタビュアー――フェルナンド・プラド
訳――古川　学

発行所――サンパウロ

〒160-0011　東京都新宿区若葉 1 - 16 - 12
宣 教 推 進 部（版元）　Tel.（03）3359 - 0451　Fax.（03）3351 - 9534
宣教企画編集部（編集）　Tel.（03）3357 - 6498　Fax.（03）3357 - 6408

印刷所――日本ハイコム㈱

2020 年 6 月 30 日　初版発行

© Fernando Prado 2020　Printed in Japan
ISBN978-4-8056-2102-8 C0016（日キ販）
落丁・乱丁はおとりかえいたします。